Dr. Joshua David Stone

Sanandas Aufstiegslehren

für das Neue Zeitalter

Ein Wegweiser für Suchende

Lippert-Verlag

Übersetzung: Madeleine Soldevila
Überarbeitung: Renate Lippert
Titelbild: Rudolf Lippert
Gestaltung: Renate und Rudolf Lippert

Deutsche Erstausgabe März 2007
    © COPYRIGHT
    by R. Lippert Verlag, Hartgass 9, D-88639 Wald.
    Tel.: 07578-2229, Fax: 07578-933194
    www.lippert-verlag.de
    e-mail: service@lippert-verlag.de

In Deutschland gedruckt
ISBN 978-3-933470-73-7

Inhalt

Inhalt

Einführung

Dieses Buch enthält Durchgaben von Sananda/Jesus für das Neue Zeitalter, welche seine Lehren, wie sie im Neuen Testament offenbart wurden, integrieren und mit dem Neuen Zeitalter der Aufstiegsbewegung und der neuen Dispensation der Christuslehren im Wassermannzeitalter vereinen.

Lektion 1

Sananda Metaphorik – 1

"Ich bin der Weg..." Johannes 14:6

Nach Gebeten und tiefer Kontemplation suchte ich danach, mit Jesus zu sein, der zudem als der Meister des Herzens, auch Sananda genannt, in anderen Reichen bekannt ist. Er führte mich zu seinem Thron, wo er tatsächlich zur Rechten des Vaters sitzt. Ich nahm auf einem kleinen Fußschemel Platz. Ich fragte ihn nach dem "Manna des Himmels" (spirituelles Verstehen), bezüglich der Zeiten, in denen wir leben. Jesus, bekannt als Sananda, öffnete mir sein Herz. Denn er weist niemanden ab, der mit aufrichtigem Herzen zu ihm kommt. Ich wünschte mir sehnlichst, als Suchender seine umfassenden Lehren für das Neue Zeitalter zu verstehen.

Ich hatte zudem sehr viele mir häufig gestellte Fragen. Einige von ihnen betrafen die tiefere Bedeutung seiner Metaphorik/Worte, die Gleichnisse, die Prophezeiungen, die von ihm erwähnt werden, die Glückseligkeit und insbesondere die Wunder. Durch die Seelenreisen, die ich zu ihm unternahm, war ich mir umfangreicher Erklärungen sicher. Unvermittelt sprach Jesus:

"Ja, ich bin der Weg, der Weg zum Herzen des Göttlichen. Ich kenne ihn, denn ich bin der Meister des Herzens. Als der Meister des Herzens werde ich dich spirituelle Weisheit lehren, welche die Weisheit des Herzens ist. Viele sehen, doch sie sehen nicht wirklich. Und sie hören, doch sie hören nicht wirklich. Dies ist so, weil sie sich des anderen Lebens - des spirituellen Lebens

- nicht bewusst sind; dessen, was nicht diese Welt und ihre Dinge betrifft. Als der Weltenlehrer sprach ich durch Bilder, Visionen, Gleichnisse, Prophezeiungen und Segnungen. Und doch haben viele nicht geglaubt. Erst als ich meine vielen Wunder vollbrachte, haben sie allmählich ihre Augen geöffnet, zu sehen und ihre Ohren, zu hören. Und doch zweifeln noch viele. Als der Meister des Herzens lehrte ich in Gleichnissen und Geschichten. Ich vereinfachte meine Lehren. Aber die Herzen der Menschen waren noch immer kalt wie Stein. Wird es noch eine ganze Generation wie diese benötigen? Doch die Herzen derjenigen, die gerufen sind, werde ich noch immer berühren.

Ja, ich bin der Weg. Es gibt heute so viele Wege. Dies verwirrt die Menschen. Wenn der Mensch Gott wirklich sucht, führen alle Wege zu Gott. Frage dich daher, wen suchst du?"

DER SUCHENDE:

Als Sananda diese Worte sprach, erinnerte ich mich an die vielen Geschehnisse bei der Suche nach Gott. Für einige Zeit verschwand ich aus der Welt der Bibel, sammelte Erfahrungen auf spirituellen Wegen von Ost nach West, Nord nach Süd und kehrte wieder zurück. Mein Weg führte nun, seit ich mich auf den Aufstiegsweg begeben hatte, in einer spiralförmigen Richtung aufwärts. Sananda war dabei, eine neue und zeitgemäße breit gefächerte Sicht zu vermitteln.

SANANDA:

"Es gibt einen Weg, der nur für dich ausgeschildert ist. Setze die Reise mit Glauben, Hoffnung und Liebe im Herzen fort. Achte auf dein Herz, denn es wird dich dorthin führen.
Erfülle dein Herz mit Liebe.
Dann folge ihm..."

Sananda/Jesus vermittelt eine sehr interessante Erklärung der Bedeutung der Worte *"Ich bin der Weg..."*. Fundamentalistische Christen missverstehen die Bedeutung dieser Aussage. Es bedeutet nicht, dass das Christentum der einzige Weg ist, denn, wie Sananda erwähnte, führen alle Wege zu Gott. Daher bezeichnen die Geistige Welt, die Meister und ich in diesem Buch das Christusbewusstsein als das spirituelle Christus-/Buddha-/Ewiges Selbst-/Gottesbewusstsein.

Die Aussage *"Ich bin der Weg..."* bezieht sich auf den inneren Christus, den zweiten Aspekt der Dreieinigkeit Gottes. Der springende Punkt hierbei ist, dass der Buddhismus, das Judentum, die östlichen Religionen, die islamische Religion, alle spirituellen Wege und mystischen Schulen zum inneren Christus oder zum korrekten Verständnis der Sohnschaft und zur Führung durch den Heiligen Geist, der für die Stimme Gottes steht, führen können.

Der innere Christus, im Gegensatz zu Jesus, der zum Christus wurde, kümmert sich nicht darum, ob du dich ihm durch all die verschiedenen Wege, die dir zugänglich sind, näherst. Doch die Wahrheit ist, dass man Gott durch Christus und die noch zarte innere Stimme näher kommt, welche in Wahrheit alle Religionen und spirituellen Wege durchzieht, selbst wenn du die Begriffe anders bezeichnest, wie z.B. Buddha, Ewiges Selbst, Atma, Elohim, das ICH BIN und so weiter. Es ist zudem entscheidend zu verstehen, dass Christus ein kosmisches Prinzip ist. Damit meine ich, dass Jesus in seinem Leben auf planetarer, nicht auf kosmischer Ebene, den Christus realisiert hat. Die kosmische Ebene realisierte er erst nach seinem Tod als Jesus auf der inneren Ebene und setzt dies weiter fort. Wie der Universelle Geist durch Edgar Cayce sagte: "Jesus ist der Mensch, Christus ist das Muster."

Daher lautet es in der Bibel: *"Seid so unter euch gesinnt, wie es auch der Gemeinschaft in Christus Jesus entspricht."* Meister Jesus hatte, gemäß dem Universellen Geist durch Edgar Cayce, ungefähr 33 vergangene Leben. Er kam zuerst als Amilius, der spirituelle Anführer der zweiten Welle der Seelen, die nach Atlantis kamen. In diesem Leben, das von Natur aus vergeistigter war, stolperte er ein bisschen, was zu seinem Leben als Adam führte. Adam war in zwei Wesen unterteilt, denn zu dieser Zeit, bevor es Erdenkörper gab, waren die Seelen androgyn. Gemäß dem Universellen Geist durch Edgar Cayce, war Mutter Maria die zweite Hälfte seiner Seele. Daher die Metapher in der Bibel, dass Gott Eva aus Adams Rippe schuf. Rippen bezeichnen im Hebräischen die zweite Hälfte. Durch diese ungefähr 33 vergangenen Leben war er der erste, der den Christus auf planetarer Ebene vollständig realisierte. Er war der spirituelle Führer der spirituellen Führer und der Meister der Meister. Zuerst realisieren wir Christus auf der planetaren Ebene, dann auf der solaren, galaktischen, universellen, multiuniversellen und auf der kosmischen Ebene. Wir beginnen als planetarer Christus und schreiten dann voran, um ein kosmischer Christus zu werden.

Als Jesus sagte: *"Ich bin der Weg..."*, tat er dies, um den Fortschritt seiner vergangenen Leben von Amilius, zu Adam, bis hin zu Enoch als der Mensch, der mit Gott ging, aufzuzeigen. Zu Melchizedek, dem Lehrer Abrahams. Zu Josef, dem Traumdeuter des Pharao. Zu seinem vergangenen Leben als Josua, der die jüdischen Menschen in das Gelobte Land führte. Zu Asaf, der das Medium, der Prophet und Musiker für König David war. Zu Jeschua, dem Propheten Israels. Zu Zend, der Vater von Zoroaster, der die Religion des Zoroastrismus begründete. Und dann schließlich zu Jesus, der zum Christus wurde. Es waren ungefähr 33 vergangene Leben; ich habe hier nur die bekanntesten aufgezählt. In jedem weiteren Leben entwickelte er sich etwas weiter hin zum Christus.

Es waren Adam und Eva (die Jesus waren), welche die erste Sünde begangen hatten, indem sie vom Baum der Erkenntnis von Gut und Böse aßen und dann war es Jesus, der zum Christus wurde, welcher zum Baum des Lebens wurde, der vom Wasser des Lebens genährt wurde. Das Wasser des Lebens kommt direkt von Gott, Christus und dem Heiligen Geist, die alle Religionen, mystischen Schulen und spirituellen Wege überstrahlen. Es ist in Ordnung, wenn ihr sie anders nennen wollt. Nun seht ihr, meine Freunde, dass die Aussage *"Ich bin der Weg..."* viele Bedeutungen hat. Es war nicht erst Jesus, der durch das "Christusmuster" den Meister Jesus vollständig realisierte. *"Ich bin der Weg..."* bezeichnet sowohl das Christusmuster als auch das Beispiel, das Meister Jesus im Realisieren dieses Musters setzt.

Wie auch immer, es ist wichtig zu verstehen, dass Lord Buddha, Krishna, Moses, Konfuzius, Lao Tse, Zoroaster und viele andere großartige Heilige und Weise und Aufgestiegene Meister auch alle dieses Muster setzten. Sie könnten es anders bezeichnet haben, aber das Muster war das Gleiche. Daher gibt es vom Universellen Geist durch Edgar Cayce zwei beachtliche Zitate, die ich hier anführen möchte.

Erstens: "So wie durch Adam alle sterben, so sollten alle durch Christus lebendig werden." Adam symbolisiert nicht nur, gemäß dem Universellen Geist durch Edgar Cayce, das persönliche Leben der ersten physischen Inkarnation von Jesus, sondern auch die gesamte Adamische Rasse, die vor 10,5 Millionen Jahren auf fünf verschiedenen Kontinenten zugleich entstand. Eine schwarze Rasse, eine rote Rasse, eine gelbe Rasse, eine weiße Rasse und eine braune Rasse. Die verschiedenen Hautfarben standen für die verschiedenen klimatischen Bedingungen.

13

Wir sind alle Söhne und Töchter Gottes, wie Jesus es war. Er war nur in dem Sinne einmalig, dass er eine besondere spirituelle Führungsrolle besaß, die bestimmte andere auch durch die Geschichte hindurch hatten. So zeigte Jesus den Weg, wie man bewusst fallen kann, wie es Adam und die gesamte Adamische Rasse auf allen fünf Kontinenten taten und dann, wie das Zitat besagt, durch Christus lebendig werden. Durch den Fall identifizierte sich Adam und die gesamte Adamische Rasse mehr mit dem physischen Bewusstsein und daraus folgte das Verlassen des Garten Eden oder des paradiesischen Bewusstseinszustands. Also wurde Adam, wie das Zitat besagt, "unter das Gesetz von Tod und Wiedergeburt" gestellt. Jedoch realisierte er in Jesus, als er durch die 33 vergangenen Leben ging, den Christus und wurde zu neuem Leben erweckt und wurde, wie das Zitat besagt, lebendig.

Dies, mein Freund, ist der Weg, den das Christusmuster für alle Seelen vorgesehen hat und Jesus demonstrierte, dass dies gemeistert werden kann. Der göttliche Plan, wie das Zitat besagt, ist für die gesamte Adamische Rasse gedacht, um lebendig zu werden. Auf welchem spirituellen Weg du dich auch immer befindest, es ist in Ordnung, achte jedoch darauf, dass das negative Ego den Weg nicht verdirbt, um dich von der richtigen Einstellung zum Christusmuster oder dem Weg, dem Jesus, Buddha, Krishna, Moses, Lao Tse, Konfuzius, Zoroaster und die Aufgestiegenen Meister gefolgt sind, wegzubringen.

Das zweite Zitat des Universellen Geistes durch Edgar Cayce, das ich hier gern teilen möchte, lautet: "Der erste Mensch Adam wurde zum lebendigen Wesen; der letzte Adam wurde zum lebenspendenden Geist."

Der erste Mensch Adam war der Beginn der physischen Körper, sowohl für Jesus als auch für die Adamische Rasse. Daher wird unser physischer Körper auch "Adam Kadmon" genannt. Natürlich haben andere außerirdische Rassen andere Körper. Wie ich erwähnte, fiel Jesus bereits im Bewusstsein in seinem Leben als Amilius und der zweiten Welle der Seelen, die nach Atlantis kamen, noch vor Adam und dem physischen Körper der Adamischen Rasse. Der Grund, warum physische Körper nötig waren, war der Fall. Adam und die gesamte Adamische Rasse auf allen fünf Kontinenten fielen weiterhin, auch nach der Erschaffung physischer Körper. Dies war der Anfang des Reinkarnationsprozesses, der entstand, um den Seelen dabei zu helfen, wieder nach Hause zurückzukehren.

Und so waren Adam und die Adamische Rasse eine lebendige unsterbliche Seele, die in einem physischen Körper lebte, die jedoch das Christusmuster, welches alle Religionen und spirituellen Wege veranschaulicht, noch nicht vollendet hatte. Daher besagt das Zitat des Universellen Geistes, dass Adam und die Adamische Rasse ein lebendiges Wesen waren, im Gegensatz zu einem lebenspendenem Geist. Doch durch die 33 vergangenen Leben von Jesus realisierte er den Christus und das Christusmuster auf der planetaren Ebene, was ihm ermöglichte, zu neuem Leben erweckt zu werden und ein "lebenspendender Geist" zu werden. Dies wird in der modernen Terminologie ein vollständig realisierter Aufgestiegener Meister genannt. Jesus war der erste, der den Christus und das Christusmuster vollkommen realisierte. Und so kannst du erneut erkennen, warum er der Weg ist. Doch hebe ich wieder hervor, dass Buddha ebenfalls das Christusmuster des zweiten Aspekts der Dreieinigkeit gesetzt hat, so wie dies auch Mutter Maria, Quan Yin, Djwhal Khul, Saint Germain, Meister Kuthumi, Moses, Krishna, Lao Tse, Konfuzius, Lord Maitreya usw. getan haben.

Es wird daher in dieser heutigen Zeit ein größeres Verständnis dessen benötigt, was der Christus bedeutet. Daher gaben ich, die Geistige Welt und die Meister diesem neuen Wassermannzeitalter und dem Neuen Zeitalter einen aktuellen Ausdruck. Man wird dann natürlich als ein "integrierter Aufgestiegener Meister" oder ein "ICH BIN Meister" bezeichnet. Ein weiterer Ausdruck dafür ist jedoch ein "integrierter breit gefächerter spiritueller Christus/Buddha/Ewiges Selbst/Gott" auf Erden zu sein. Oder, in diesem Fall, "ein integrierter breit gefächerter Christus". Auf diesem Weg wird man auf allen Ebenen zum Christus, in einer integrierten und ausgewogenen Weise. Zweitens, wird man nicht nur durch das Christentum zum Christus, sondern durch alle Religionen, alle spirituellen Wege und alle mystischen Schulen.

Wenn jemand also einen Weg verfolgt, der eklektisch und verknüpfend ist, erkennt er, was Meister Jesus so eloquent als *"alle Wege führen zu Gott"* bezeichnet hat. Jeder Weg ist wie ein anderer Prismafilter, durch welchen man sich Gott nähert. Was ich empfehle, mein Freund, ist, beständig wachsam zu sein und den eigenen bevorzugten Weg zu befolgen, auf den Gott dich führt und darüber hinaus auch offen zu sein für alle Religionen und spirituellen Wege und alle wesentlichen mystischen Schulen zu studieren, welche nur zum Verstehen deines ausgewählten Weges beitragen werden, um den Christus oder den zweiten Aspekt der Dreieinigkeit zu realisieren.

Bei der Geburt von Jesus sehen wir zudem, wie der Heilige Geist für seine besondere Mission der spirituellen Führung auf ihn herabkam, denn er wurde durch die unbefleckte Empfängnis geboren, wie auch Mutter Maria, gemäß den Durchgaben des Universellen Geistes durch Edgar Cayce. Ist das nicht interessant, dass sie zwei Hälften der gleichen Seele sind? Dann kam der Heilige Geist erneut auf Jesus herab, nachdem er von Johannes dem Täufer im Fluss Jordan getauft wurde. Jesus erzählte seinen Aposteln, dass, wenn er gehen würde, er ihnen "den Plan oder die Hilfe" bringen würde, der ihnen die Weisheit und das Wissen über die Grundlagen der Welt vermitteln würde.

Hier erkennen wir also, dass Jesus nicht nur den Christus verkörperte, sondern auch den Heiligen Geist. Und dann, vielleicht noch wichtiger, wurde er eins mit Gott auf planetarer Ebene, was deutlich in seiner Aussage: *"Der Vater und ich sind eins"* zu erkennen ist. Das Entscheidende ist, das alle Menschen verstehen, dass der Heilige Geist auch ein integriertes breit gefächertes Bewusstsein ist, das alle Religionen, alle spirituellen Wege und alle mystischen Schulen überstrahlt. Dieser Ausdruck mag für das Christentum einzigartig sein, doch Gott, Christus und der Heilige Geist überstrahlen alle spirituellen Wege, die zu Gott führen. Daher werden in diesem neuen Wassermannzeitalter die neuen Aufstiegslehren durch Sananda und die Aufgestiegenen Meister hervorgebracht.

So, wie Jesus den jüdischen Menschen und der Welt vor 2000 Jahren eine neue Dispensation mit Lehren überbrachte. Meister Sananda/Jesus bringt nun 2000 Jahre später durch mich, zusammen mit den anderen Aufgestiegenen Meistern, eine neue Dispensation mit Aufstiegslehren hervor. Diese neue Dispensation der Aufstiegslehren reflektiert dieses "integrierte breit gefächerte Bewusstsein Gottes, des Christus und des Heiligen Geistes" und wie sie und die Aufgestiegenen Meister, Erzengel und Engel, Elohim und christusbewussten Außerirdischen alle Religionen, spirituellen Wege und mystischen Schulen der Welt überstrahlen. Es ist ihnen nicht wichtig, auf welchem Weg du dich ihnen annäherst, solange du dich ihnen im "integrierten breit gefächerten Christusmuster" näherst, das alle Wege in Wahrheit als den einen Weg sieht. Dies ist der Grund, warum die Aufgestiegenen Meister der inneren Ebene zusammenarbeiten, um Ost und West und

Nord und Süd in dieser neuen integrierten und verknüpften Dispensation der spirituellen Lehren oder Aufstiegslehren zusammenzubringen und die Gott, Christus und den Heiligen Geist durch ein breit gefächertes Bewusstsein und nicht durch ein limitiertes Filterbewusstsein sehen.

2000 Jahre später kam Sananda durch dieses und weitere Bücher wieder, um einen Weg nur für dich aufzuzeigen, damit du in einem weitaus umfangreicheren Kontext als es vor 2000 Jahren übermittelt wurde, nach Hause zurückkehren kannst. Vor 2000 Jahren war das, was Jesus präsentierte, bereits seiner Zeit weit voraus und wurde nicht akzeptiert. 2000 Jahre später zeigt er nun in diesem Buch den nächsten Evolutionssprung auf, der in den "integrierten Aufstiegslehren" dieser Tage und Zeiten hervorgebracht wurde. Dieses Buch ist wahrlich für diejenigen gedacht, die wünschen, in die "Rakete zu Gott" zu steigen. Das wahre Konzept des Christentums wird nun zu einem viel umfangreicheren Verständnis erweitert. Die Welt ist bereit, nach 2000 Jahren, für diesen nächsten Schritt.

Wenn wir nun dieses wichtige Anfangskapitel beenden, würde ich gerne einen letzten Punkt ansprechen, den Meister Sananda/Jesus zuvor über die Menschen, die nicht glauben, anführte. In seinem Leben als Jesus war alles, was Jesus tat, Liebe zu verströmen und die Menschen zu heilen, obwohl sie ihn töten und kreuzigen wollten. Die jüdischen Menschen von damals, und er selbst war ein jüdischer Rabbi, lehnten ihn ab, obwohl er sehr deutlich zu verstehen gab, dass er gekommen war, um *das Gesetz der Propheten zu erfüllen*". Alles, was Jesaja und andere schrieben, wurde erfüllt. Bevor ich mit diesem Gedanken fortfahre, würde ich gerne einen weiteren absolut bemerkenswerten Gedanken einbringen, den der Universelle Geist durch Edgar Cayce erwähnte. Der Universelle Geist sagte, dass Jesus in seinen vergangenen Leben den größten Teil des Alten Testaments schrieb. Er schrieb nicht nur den größten Teil des Alten Testaments in seinen vergangenen Leben, er war zudem Melchizedek, Priesterkönig von Salem, der Abrahams Lehrer war, welcher die jüdische Religion begründete.

Warum schrieb Jesus das meiste des Alten Testaments? Schau auf seine vergangenen Leben; es war Josua, der fünf der ersten Bücher der Bibel schieb. Er lehrte Abraham, er war Adam, er war Enoch, als Asaf war er der Lehrer von König David, er war Josef und er führte die jüdischen Menschen als Josua ins Gelobte Land. Er war Jeschua, der Prophet. Aus der jüdischen Religion kam die islamische Religion hervor, denn die jüdische und die arabische Welt sind wie Äste vom selben Baum. Jesus wurde aus der Essener - Gemeinschaft geboren, die eine jüdisch-mystische Sekte war, welche als eine Gruppe hervorkam, die den Weg für den Messias vorbereitete. Sie waren die Erwartenden. Jesus war in Wahrheit der Messias, den die jüdischen Menschen erwarteten und der prophezeit wurde, doch die jüdischen Menschen waren zu sehr mit den Gesetzen Gottes beschäftigt, um den nächsten Evolutionssprung im Bewusstsein zu machen, den Jesus, der Messias, aufzeigte.

Alle Apostel waren ebenfalls Juden. Wir sehen also, dass Jesus die Hauptfigur im Judentum und im Christentum ist und dass die islamische Religion von beiden beeinflusst wurde. Dann sehen wir die Schlüsselrolle, die er im Zoroastrismus spielte. In den fehlenden 18 Jahren aus dem Leben von Jesus studierte er in Indien, Persien und Ägypten, wodurch wir seine Verbindung zu den östlichen Religionen und zu den ägyptischen mystischen Schulen sehen können, die entwickelt wurden, um die anfängliche Lehre der Großen Weißen Bruderschaft zu verkörpern, die als die Aufgestiegenen Meister bekannt sind. Ich zeige dies hier auf, um dir das breit gefächerte Bewusstsein zu zeigen, das uns zu verstehen hilft, warum Jesus der Weg ist. In seiner Schulung wurde er in Wirklichkeit in dieser breit gefächerten Bewusstseinsmanier trainiert, was im fundamentalistischen Christentum nicht erwähnt wird. Jesus glaubte natürlich auch an Reinkarnation. Er sagte, dass Johannes der Täufer in seinem vergangenen Leben der jüdische Prophet Elias war. Es ist eine bekannte Tatsache, dass alle Referenzen über Reinkarnation in einem besonderen ökumenischen Konzil im Jahre 505 nach Christus aus der Bibel herausgenommen wurden, weil die Kirchenoberhäupter das Konzept nicht mochten.

Ich habe die historischen Akten gesehen, die dies in einem Buch über das Treffen besagen. Reinkarnation wird natürlich als eine offensichtliche Tatsache in der östlichen Welt des Hinduismus und Buddhismus usw. von allen akzeptiert. Jesus wusste dies natürlich und lehrte es auch. Es wird zudem in den Lehren der Kabbala gelehrt, welche die mystische Seite des Judentums ist. Ich bringe diesen ganzen letzten Abschnitt, um dir zu zeigen, wie Meister Jesus der Weg war, jedoch in einem viel umfassenderen Zusammenhang als die meisten Menschen in ihrer eklektischen und verknüpften Betrachtungsweise es erkennen. Es ist an der Zeit, dass dies nun vollständig in dieser neuen Dispensation der integrierten Aufstiegslehren und noch umfassender in den breit gefächerten Bewusstseinslehren des Christentums in diesem neuen Wassermannzeitalter 2000 Jahre später dargelegt wird. Aus diesem und noch weiteren Gründen ist dieses Buch zu dieser Zeit entstanden.

Ich würde nun gerne zu dem Punkt zurückkehren, den ich zuvor angesprochen habe, bezüglich dem, warum Menschen nicht glauben, was Jesus dazu sagte und warum sie dies zu einem großen Ausmaß immer noch nicht tun. Wie Jesus erwähnte, die Menschen haben nicht die Augen, zu sehen und die Ohren, zu hören. Was ist die Ursache dafür? Menschen glauben nicht, weil ihr Bewusstsein nicht entwickelt ist. Wir alle haben sieben Augen, nicht nur zwei. Die meisten Menschen denken, wir hätten zwei Augen und wir seien der physische Körper. Dies ist Illusion. Wir haben sieben Augen. Wir haben zwei physische Augen, zwei psychologische Augen, zwei spirituelle Augen und ein Drittes Auge. Dieses Buch ist ein "Augenöffner", denn es öffnet deine anderen fünf Augen. Wir sehen nicht mit unseren physischen Augen, wir sehen durch unser Bewusstsein.

1) Der erste Grund, warum Menschen nicht geglaubt haben oder die Lehren von Jesus nicht verstanden haben, ist, dass die meisten Menschen vom negativen Ego mit seinem angstbegründeten, trennenden Denken beherrscht werden und nicht vom spirituellen Christus-/Buddha-/Krishna-/Gottesbewusstsein. Dies verursacht massive Blindheit! Das ist der Grund, warum Jesus sagte: *"Oder wie kannst du sagen zu deinem Bruder: Halt, ich will dir den Splitter aus deinem Auge ziehen, und siehe, ein Balken ist in deinem Auge?"* Der Balken im eigenen Auge ist das negative Ego, das begrenzte Sehen durch einen Filter und ein Mangel an Gleichgewicht und Integration.

2) Der zweite Grund, warum Menschen nicht glauben, ist, weil sie nicht ausgeglichen und ganz sind. Ihre drei Geistesebenen sind unausgeglichen. Ihre vier Körper sind unausgewogen, spirituell, mental, emotional und physisch. Sie wissen nicht, wie sie das innere Kind auf korrekte Art und Weise aufziehen sollen. Sie leben nicht das, was sie predigen. Sie sind nicht in der Einheit. Sie leben nicht nach ihren Lehren. Sie sind nicht konsequent auf allen Ebenen. Dies verursacht massive Blindheit!

3) Der dritte Grund ist, dass sie Opfer sind und nicht Meister ihrer Energie. Sie sind nicht der Meister ihrer Gedanken, Gefühle, Emotionen, Worte, Energien, ihres physischen Körpers, ihrer Chakren, Sexualität, Verlangen, Gewohnheiten, Süchte, ihres niederen Selbst, ihrer fünf Sinne und ihres Erdenlebens. Dies verursacht massive Blindheit!

4) Der nächste Grund, warum Menschen nicht glauben oder die Lehren von Jesus nicht verstehen, ist, weil ihr Sehen begrenzt ist durch Filter und sie nicht durch das breit gefächerte Bewusstsein sehen. Wie Melchizedek, der Universelle Logos einst sagte, sehen die meisten Menschen das Leben durch den Filter einer Fliege. Sie werden dabei ertappt, wie sie durch den Filter des Gesetzes, der Lehren der traditionellen Kirche, ihres Gurus, einer bestimmten spirituellen Auffassung, des Massenbewusstseins, ihrer Rasse, Überzeugungen oder Hautfarbe, ihres Landes, ihrer politischen Partei und/oder ihrer Herkunft sehen. Die Filter der Programmierung aus vergangenen Leben, fehlerhafter spiritueller Psychologie, fehlerhafter Glaubenssysteme, des fehlerhaften Denkens, Missverstehens, von Missverständnissen, fehlerhaften Vermutungen, fehlerhaften Beschlüssen und fehlerhaften Philosophien. Mentale Filter, emotionale Filter, unterbewusste Filter, wissenschaftliche Filter, atheistische Filter, übersinnliche Filter, Filter bezüglich spirituellen Wegen, traditioneller Psychologie, medizinische Filter, psychiatrische Filter, materialistische Filter, Filter des niederen Selbst, hedonistische Filter, Erscheinungen und so weiter. Es ist entscheidend zu verstehen, dass deine Gedanken deine Realität kreieren und dass jeder Gedanke, den du denkst, ein Filter ist, durch den du siehst.

Es gibt viele Menschen, die keine gute physische Sicht haben und daher eine Brille brauchen. Sie sind weit- oder kurzsichtig usw. Was die Mehrheit der Menschen auf der Welt nicht versteht ist, dass das echte Problem nicht die physische Blindheit oder die Unfähigkeit zu sehen ist, sondern die psychologische Blindheit, spirituelle Blindheit und mangelnde Fähigkeit, das Dritte Auge zu öffnen. Psychologische Blindheit zeigt sich tatsächlich in all den Dingen, die ich in dieser Lektion erwähnt habe. Spirituelle Blindheit bedeutet, nicht zu erkennen, dass andere eine Inkarnation von Gott, Christus, Buddha, Atma, dem Ewigen Selbst und eine lebendige unsterbliche Seele sind.

Dann gibt es die übersinnliche Blindheit deiner eigenen Hellsichtigkeit, Hellhörigkeit und Hellfühligkeit gegenüber. Spirituelle Blindheit ist ein Mangel gegenüber der Offenheit der Übersinne, der Intuition, des Wissens, des Verständnisses, der Erkenntnis, der Perfektion, des All-Wissens, der spirituellen Unterscheidungskraft, des spirituellen Idealismus, des emotionalen Idealismus, der Glückseligkeit, der Psychometrie, der Offenbarung, der Inspiration, dem Channeling, der inneren Führung, dem Reagieren auf Gruppenschwingung und dem korrekten Verstehen. All dies öffnet deine spirituellen Augen.

Was öffnet dein Drittes Auge oder dein sechstes Chakra? Es ist die Entwicklung deines gesamten Bewusstseins auf allen Ebenen auf integrierte und ausgeglichene Art und in der Weise des breit gefächerten Bewusstseins. Es ist nicht die Hellsichtigkeit, die dein Drittes Auge oder dein sechstes Siegel öffnet, sondern die Entwicklung deines Bewusstseins auf konsequente Art auf allen Ebenen.

Mein geliebter Leser, aus all diesen Gründen glauben die Menschen nicht. Und aus diesem Grund wurden diese Bücher gechannelt und geschrieben, um die sieben Augen und die Chakren der Menschen zu öffnen und sie in sieben goldene Leuchter zu verwandeln, damit die Menschen die Augen bekommen, zu sehen und die Ohren, zu hören, was Meister Sananda/Jesus wirklich gesagt hat und für das, was den nächsten Evolutionssprung christlicher Gedanken ausmacht und wie dies perfekt mit dem neuzeitlich integrierten breit gefächerten Bewusstsein der Aufstiegslehren für das Neue Zeitalter vereint wird.

So steht es geschrieben sein! So soll es geschehen!

Lektion 2

Sananda Metaphorik – 2

"Ich bin die Wahrheit..." Johannes 14:6

DER SUCHENDE:

In allen Dingen habe ich nach der Wahrheit gesucht. Aber sie schien für mich niemals gleich zu bleiben. In meiner Suche war dies manchmal verwirrend. Ich suchte den Meister des Herzens durch eine Seelenreise auf. Dort bat ich ihn, die Dunkelheit aufzulösen, die von der spirituellen Verschmutzung dieser Welt kommt. Der Meister des Herzens trat daraufhin hervor.

SANANDA:

"ICH BIN das "ICH BIN", das keine andere Bedeutung hat, als nur "zu sein". Ich bin einfach die Wahrheit. Unveränderbare absolute Wahrheit, ohne Fragen. Die absolute Wahrheit bleibt immer. Ja, ich mag viele Dinge für viele Menschen sein, aber selbst in dieser Metaphorik bleibe ich die Wahrheit. Die Wahrheit, die absolut ist. Als der Meister des Herzens kommt mein "Wissen" einfach aus meinem Herzen. Und ich wünsche für meine Nachfolger, dass sie geistiges Wissen erlangen. Doch die Dinge welche das Herz betreffen, werden durch innere Prozesse, innere Veränderungen erlangt.

Eine innere Veränderung des Herzens ist nötig, um jeglichen evolutionären Prozess des spirituellen Wachstums zu erlangen. Es ist nichts, was ich dir einfach geben kann. Du kannst es dir nehmen, wenn du willst, tatsächlich musst du es nehmen. Ja, du musst es dir nehmen, wenn du wachsen möchtest.

Wende die Neuerungen deines Herzens in deinem eigenen physischen Herzen an und nicht in deinem Geist. Dein eigenes Herz muss durch Lektionen und Erfahrungen, durch Fehler und Misserfolge, gelehrt werden. Der Geist versagt so häufig, die Wahrheit in sich aufzunehmen. Er urteilt oft, doch er wendet es nicht in seinem eigenen Herzen, dem Zentrum des Lernens, an. Dadurch wiederholt er die Wahrheit ständig, ohne sie jedoch aufzunehmen. Eine solche Wiederholung ist wie unbedeutendes Geplapper.

Aus diesem Grund nehme ich die Kinder als Beispiel. Sie können sich mir frei nähern, denn sie urteilen nicht. Sie stellen selten etwas in Frage. Sie akzeptieren einfach. Ja, sie urteilen oder kritisieren nicht, sie vertrauen einfach. Sie geben noch nicht einmal Kommentare ab. Sondern umarmen offen die Wahrheit. Die Wahrheit mit Freude und Unschuld. Ja, ihre Herzen sind glücklich. Sie können mit dem Herzen sehen. Dies wünsche ich mir und heiße diese Wahrheitsliebenden im Reich meines Vaters willkommen.

Bring die Wahrheit in dein Leben; dieses Reich, das in dir ist, ist das Reich, das hier auf Erden wie im Himmel sein soll.

Dies ist die Wahrheit. Amen. Amen. Amen.
So sei es für immer!"

Meine geliebten Freunde, Sananda/Jesus bringt nun einen zweiten absolut entscheidenden Punkt hervor. In der letzten Lektion war es *"Der Weg"*, und in dieser Lektion ist es *"Die Wahrheit"*. Die Wahrheit ist ein sehr interessantes Thema, worüber viele Menschen und Wahrheitssucher in Verwirrung geraten. Es ist üblich für Lichtarbeiter zu sagen, die Wahrheit sei relativ. Nun, es gibt einige Formen der Wahrheit, die relativ sind. Zum Beispiel "Des einen Müll ist des anderen Gold." Oder "Schönheit liegt im Auge des Betrachters." Oder das lateinische Sprichwort "In Sachen Geschmack gibt es keinen Streit." Also gibt es so etwas wie relative Wahrheit. Doch es ist entscheidend für alle Lichtarbeiter und Menschen zu erkennen, dass es so etwas wie die "absolute Wahrheit", wie sie Sananda so eloquent aufgezeigt hat, gibt. Zum Beispiel wird niemand Gott erkennen, denn durch Christus und den Heiligen Geist. Dies bedeutet nicht, dass sie Christen sein sollen oder die christliche Terminologie nutzen sollten, denn wenn sie Begriffe wie Buddha, Atma, das Ewige Selbst, ICH BIN, Melchizedek oder Geist bevorzugen, dann ist dies ebenfalls völlig in Ordnung. Das Christusmuster jedoch, das wir in der vorherigen Lektion angesprochen haben, muss erfüllt werden.

Wie es im Buch *Ein Kurs in Wundern* geschrieben steht, das von Jesus übermittelt wurde, ist dies ein "notwendiger Kurs". Es heißt aber nicht, dass diese Lektionen durch *Ein Kurs in Wundern* gelernt werden müssen, aber es ist vonnöten, dass sie durch eine beliebige Schule des Denkens gelernt werden.

Es ist die absolute Wahrheit, dass "Gott ein Wesen ist, das Gutes kennt, ohne das Schlechte als Referenzpunkt zu benötigen."

Es ist die absolute Wahrheit, dass "Gott dem Menschen, minus dem Ego, gleicht."

Es ist die absolute Wahrheit, dass, wenn man das Reich Gottes im Himmel erlangen möchte, alle Seelen der Schöpfung in integrierter und ausgeglichener Weise im spirituellen Christus-/Buddha-/ Gottesbewusstsein sein müssen und lernen sollen, das negative Ego mit seinem angstbegründeten, trennenden Denken zu überwinden.

Es ist die absolute Wahrheit, dass die "vollkommene Liebe die Angst vertreibt."

Es ist die absolute Wahrheit, dass man ein bestimmtes Level der Einweihung erreichen muss, um das Rad der Wiedergeburt zu überwinden.

Es ist die absolute Wahrheit, dass man seinen spirituellen Vertrag, seine spirituelle Mission, Ungereimtheiten entwirren und seinen Dienst geleistet haben muss, um Gott zu realisieren.

Es ist die absolute Wahrheit, dass, wenn man Gott realisieren will, man dies spirituell, psychologisch, in seinem Bewusstsein und auch auf einer physisch/weltlichen Ebene tun muss.

Es ist die absolute Wahrheit, dass es gewisse spirituelle Prüfungen und Lektionen gibt, die bestanden werden müssen, um in das Himmelreich zu gelangen.

Dies sind nur ein paar Beispiele und ich könnte noch tausende weitere aufzeigen, doch ich denke, dass der Punkt verständlich gemacht wurde. Und so leben die Lichtarbeiter, die meinen, dass die Wahrheit relativ sei, in Selbsttäuschung.

Wenn Meister Sananda/Jesus also sagt: *"Ich bin der Weg und die Wahrheit und das Leben"* verkündet er eine großartige absolute Wahrheit. Jesus wurde der Christus und sprach als der Christus. Den

Christus und das Christusmuster, welches der zweite Aspekt der Dreieinigkeit ist, zu realisieren, ist die "Wahrheit".

Als Sai Baba sagte, die Definition Gottes sei "Gott ist gleich Mensch minus Ego", dann ist dies die Wahrheit, und es ist interessant, dass Sai Babas richtiger Name Sathya Sai Baba ist. Das Wort Sathya bedeutet Wahrheit. Sai Baba hält in der Welt die Position des Kosmischen Christus inne. Um es nochmals zu wiederholen, Christus ist ein kosmisches Bewusstsein, welches die Menschen auf der Erde tatsächlich auf der planetaren Ebene realisieren, mit Ausnahme einiger sehr fortgeschrittenen Seelen, die dies auf planetarer Ebene bereits erlangt haben und nun dabei sind, die "Wahrheit oder den Christus" auf kosmischer Ebene zu realisieren. Wie der Universelle Geist durch Edgar Cayce sagte: "Jesus war der Mensch, Christus ist das Muster."

Meister Jesus sprach so die Wahrheit in seinem geistigen Amt, denn er wurde zum Christus und realisierte den Christus. Die verschiedenen Religionen könnten in Wahrheit als Speiche eines Rades des Christus gesehen werden. Im Hinduismus nennen sie es das Krishna- oder Vishnubewusstsein. Im Buddhismus das Erreichen der Buddhaschaft, im Taoismus das zum Tao werden und im Judaismus das zum Elohim, einem Gotteserschaffer, werden. Dies ist erneut ein umfassenderes Verstehen oder ein breiter gefächertes Verstehen im Bewusstsein der Natur Christi, dem zweiten Aspekt der Dreieinigkeit Gottes. Alle Speichen führen zu Gott. Alle Speichen sprechen die Wahrheit, die zur Christuserkenntnis führt. Der Heilige Geist spricht durch alle Religionen, spirituellen Wege und mystischen Schulen. Denn die noch zarte Stimme im Inneren spricht zu allen Seelen, ungeachtet welche Speiche im Rad oder welcher spirituelle Weg gewählt wurde.

Es gibt somit Wahrheitsprinzipien und Ideale und diese müssen auf Erden verstanden, gefühlt, angewendet, integriert, zusammengefasst, demonstriert und verkörpert werden, um Gott zu realisieren und das Himmelreich zu betreten. Meister Jesus lehrte, predigte und lebte diese Wahrheit und wurde zu dieser Wahrheit, weshalb er nur die Wahrheit erzählte. Er war daher der Weg, die Wahrheit und das Leben.

Nun würde ich gern ein Zitat des Universellen Geistes, gechannelt durch Edgar Cayce, anfügen, in dem davon gesprochen wird, die Wahrheit zu kennen, aber diese Wahrheitsprinzipien nicht im täglichen Leben zu verstehen, zu fühlen, anzuwenden, zu integrieren, sie einzubeziehen, zu demonstrieren und zu verkörpern.

"Erlange nicht nur für deine eigene Not das Wissen. Erinnere dich an Adam. Erlange nicht das, was du nicht in deiner eigenen Erfahrung und in der Erfahrung derjenigen, die du Tag für Tag triffst, schöpferisch umsetzen kannst. Wissen ohne die praktische Möglichkeit der Anwendung könnte zur Sünde werden. Denn es war die fehlgeleitete Wahrheit, die zum Fall wurde - oder zur Verwirrung in Eva." *Der Universelle Geist.*

Viele Menschen kennen die Wahrheit auf der Ebene des Bewusstseins, sind aber nicht in der Lage, sie in ihr Unterbewusstsein aufzunehmen. Andere wiederum kennen die Wahrheit, können sie jedoch nicht zu einer fühlbaren Realität in ihrem Leben werden lassen. Und wieder andere können sie nicht integrieren oder verbinden oder können sie spirituell, psychologisch und physisch nicht verdauen. Andere erfassen sie geistig; leben, praktizieren, demonstrieren oder verkörpern sie in ihren physischen Körpern auf Erden jedoch nicht. Andere leben sie immer noch in einer Höhle, aber nicht mittendrin im Leben oder in einer Beziehung und verstecken sich vor der Welt. Daher gibt es so viele falsche Propheten, falsche Lehrer, Kultführer und deren Nachfolger, Wölfe in Schafspelzen und übertünchte Gräber, die von von außen hübsch aussehen, aber innen voller Totengebeine und lauter Unrat sind. Dies ist es, wovon Meister Jesus gesprochen hat, als er auf die Heuchelei der Pharisäer und Sadduazäer hingewiesen hat.

Andere Menschen füllen ihren Geist mit dem, was konkretes Wissen genannt wird, aber nicht mit psychologischer und esoterischer Weisheit und Wissen. Andere suchen die Wahrheit auf einer Ebene, wie spirituelle Weisheit und Wissen, haben aber kein psychologisches oder physisches Wissen. Und so sind sie psychologisch extrem unklar und sind auf der weltlichen Ebene unfähig. Dies ist keine wahre Weisheit, Wissen und Wahrheit. Die Wahrheit ist Weisheit und Wissen, die auf allen Ebenen integriert und ausgeglichen ist. Es ist, wie Jesus in *Ein Kurs in Wundern* sagte, "konsequent" angewandt auf allen Ebenen in richtiger Ausrichtung.

Und so ist es entscheidend, die "Wahrheit" zu suchen und ein "Wahrheitssucher" auf allen drei Ebenen zu sein, spirituell, im Bewusstsein und psychologisch und auf der physischen/weltlichen Ebene. Sehr viele Lichtarbeiter haben ihre Datenbanken auf einer Ebene gefüllt und sind auf den anderen Ebenen leer. Dies wirkt sich auch auf deine Fähigkeit des Channelns aus, denn der Prozess und die Mechanik des Channelns nutzt die Datenbanken aus vergangenen und aus diesem Leben, was die meisten Lichtarbeiter nicht verstehen. Zum Beispiel, wenn du keine Informationen über Astrologie oder Medizin in deiner Datenbank hast, dann wirst du nicht in der Lage sein, bestimmte akkurate Informationen über Astrologie oder Medizin an andere Menschen weiterzugeben. Der Universelle Geist durch Edgar Cayce sagt, dass einer der Gründe, warum Cayce in der Lage war, den Universellen Geist in solch umfangreichen Themen zu channeln darin lag, dass er in seinen vergangenen Leben bestimmte Weisheiten,

Wissen und Talente in seiner Datenbank entwickelte. Also meine Freunde, suche die Wahrheit auf allen drei Ebenen und integriere, wende an, verdaue, praktiziere, sei, demonstriere und verkörpere sie konsequent und in richtiger Ausrichtung auf allen Ebenen, denn dies wird "Integrität" und die wahre, treuliche "Praktizierung der Präsenz Gottes" genannt.

Teil dieses Gleichgewichts, dieser Integration, Konsequenz und Ausrichtung der Chakren, der Körper, der drei Geistesebenen, der richtigen Erziehung und wo immer es angewandt wird, ist, wie Sananda sagt: *"Lerne, deinen Geist und dein Herz zu integrieren."* Dies ist das Yin und Yang, das in das Tao einfließt. Es ist die Integration von Gott und der Göttin. Es ist das Gleichgewicht des Femininen mit dem Maskulinen. Wir alle kennen Menschen, die sehr intellektuell und intelligent sind, aber kein Herz besitzen. Sie haben keine bedingungslose Liebe. Dann kennen wir andere, die ganz und gar voller Liebe sind, aber ohne Verstand vorgehen. Sie wirken sehr liebevoll, doch weil sie den Intellekt nicht richtig einsetzen, kann dies recht zweifelhaft, daneben und unklar sein, ohne dies nun bewerten zu wollen. Es sollte nie vergessen werden, was der Universelle Geist durch Edgar Cayce sagte: "Es ist der Geist, der zum Christus führt." Dies ist so, weil unser Geist, unsere Gedanken, Einstellungen, unsere Perspektive, unsere Interpretationen und unsere Wahrnehmungen es sind, die unsere Gefühle und Emotionen kreieren. Also meinen die Menschen häufig, dass sie liebevoll sein können und den Geist dabei ablehnen, was eine gefährliche Form der Selbsttäuschung ist. Denn ohne die richtige Meisterschaft des Geistes kann man nicht in der Selbstverwirklichung, der Kontrolle seiner Gefühle und Emotionen und des negativen Egos bleiben. In "Wahrheit" kann man nicht wirklich im Herzen liebevoll sein, ohne seinen Geist zu meistern und zu integrieren.

Sananda deutete auf das richtige Verstehen von Yin und Yang hin. Das Yin hat einen Punkt des Yang in sich und das Yang einen Punkt des Yin. Der Geist ohne Herz ist ohne Spirit. Das Herz ohne Geist ist nicht funktionsfähig und kann nicht erhalten werden. Daher wird die dreifaltige Flamme Gottes aus Liebe, Weisheit und Kraft gebildet. Die Liebe kann ohne Kraft nicht wirken. Die Kraft kann ohne Liebe nicht wirken. Die Kraft braucht die Weisheit und die Liebe braucht die Weisheit, sonst werden sie fehlgeleitet. Nur in der perfekten Integration und Synergie dieser drei wird die "Wahrheit" gefunden und Gott realisiert.

Dies ist auch der Grund, warum die ersten drei Hauptstrahlen die Kraft Gottes, seine Liebe/Weisheit und aktive Intelligenz, welche die angewandte Weisheit auf Erden ist, sind. Hier sehen wir erneut diese großartige Balance und die Wahrheit und Weisheit Gottes, denn der spirituelle Weg beginnt dann, wenn man lernt, seine persönliche Kraft und Selbstverwirklichung zu erlangen und sich dem Willen Gottes hinzugeben. Dies ist der erste Strahl. Der zweite Strahl ist Liebe/Weisheit, der sowohl das Herz als auch die Weisheit ist, spirituell und psychologisch verstanden. Die Brillanz Gottes wird jedoch im dritten Strahl gesehen, denn Gott zeigt uns hier die Weisheit auf weltlicher Ebene. Denn viele besitzen spirituelle Weisheit und einige besitzen psychologische Weisheit und einige besitzen die weltliche Weisheit der aktiven Intelligenz. Alle drei Formen der Weisheit sind nötig, um Gott zu realisieren und die Weisheit des zweiten Strahls und aller drei Strahlen zeigt uns, dass Kraft, Liebe und Weisheit integriert und ausbalanciert und auf spiritueller, bewusster und weltlicher Ebene genutzt werden müssen. Ist es nicht tiefgründig, wie Gott dies organisiert hat? Dies ist es, was unser Freund Sananda durch das Verstehen der Integration des Geistes und des Herzens hier lehren möchte.

Lektion 3

Sananda Metaphorik – 3

"Ich bin das Leben..." Johannes 14:6

DER SUCHENDE:

Eines Tages, bei meiner Seelenreise mit Jesus, erkannte ich, dass man nicht nur das Leben erkennt, sondern, dass man auch das Leben ist. Als ein Wesen der Erde fand ich es manchmal schwierig, mir diese Wahrheit vorzustellen. Ich fühlte, dass ich es wusste, mir aber das Verstehen mit dem Herzen fehlte. Es geschah dann, dass der Meister des Herzens kam, um mich zu retten. Zeit und Raum ließen meinen Geist ebenfalls sprachlos erscheinen. Doch der Meister des Herzens hat eine solch wundervolle Art, die Dinge als der Weltenlehrer, der er ist, zu erklären. Er kam mit einer großartigen Weisheit, mit wunderbarem Wissen und Erkenntnis auf mich zu.

SANANDA:

"Ich bin das Leben, das Leben selbst. Es ist das heilige Schweigen, das Fehlen von Zeit, denn es ist niemals wirklich. Es ist das heilige Schweigen. Es ist der heilige Raum, das, was in Gott weilt. Der heilige Raum ist das Fehlen von Raum... es gibt keinen. Es ist mein heiliges Verweilen. Jenseits deiner Welt der Träume. Ich bin das Leben... ich gebe dir das Leben. Du kannst das Leben nicht ergreifen; es ist bereits dein. Ich verursache das Ticken dessen, was du

Zeit nennst. In jedem Atemzug atmest du, obwohl es hier das Fehlen der Zeit von Augenblick zu Augenblick ist. Jeden Tag hast du mit Fleisch und Blut zu tun. Aber das Leben ist mehr als Fleisch und Blut.

Ich bin die Ursache deines Lebens und Bewegens und Wesens, im Fehlen des Raumes. Ich gebe dir reichliches Leben – für immer. Immer in Ewigkeit. Deshalb verweile in mir, denn ohne mich bist du nichts.

Was du als das Leben siehst, scheint all das zu sein, was du denken, fühlen, tasten, schmecken, erleiden und worüber du dich freuen kannst. Aber dies ist nicht das ganze Leben. Ein solches gehört dem, der sich nur um seinen Körper kümmert. Du bist jedoch mehr als der Körper. Du bist mehr als das Unsichtbare.

Du bist Teil des Ewigen. Selbst dann, wenn du dich in ein anderes Wesen transformierst, umwandelst, überträgst und veränderst, lebst du. Dein Leben ist einfach. Die Einfachheit des Lebens in einer anderen Form, einer anderen Erscheinung. Das Leben ist das innere Leben.

Dieses Leben bleibt für immer unberührt. Es ist das ewige Leben. Deine vergangenen Leben waren eine Reihe neuer Erfahrungen. Mit jeder neuen Erfahrung bewegt sich ein Teil von dir nach vorn und ein anderer Teil bleibt für immer gleich – unberührt. Es ist gut für dich, dieses heilige Schweigen und den heiligen Raum über verschiedene Momente des Tages hindurch einzunehmen. Wenn du dies tust, trittst du aus der dichten materiellen, greifbaren Welt heraus. Du betrittst das reichliche Leben und regenerierst dich somit. Nimm lange Spannen ein, um aus dieser physischen Welt in das Jetzt der Meditation oder der Kontemplation hinauszutreten. Dort wirst du das „Leben" deiner Seele treffen. Wenn du dein Leben nach dem göttlichen Leben ausrichtest, wirst du die Einheit mit dem Meister des Herzens erfahren. Lass die Aktivierung deiner Chakren zu und dass sie von der Quelle des Lebens durchstrahlt werden. Meine Einladung zum Leben ist eine ewig offene

Tür. Das Zentrum deines Herzens ist mein Wohnort. Hier lebst du, bewegst dich und hast dein Sein. Ja, dies ist das Leben Gottes in dir. Es ist hier, in diesem Zentrum, wo sich das Leben vorwärtsbewegt. Mit dem Ticken der Zeit schlägt dein Herz.

Folglich ist es hier, wo es weder Zeit noch Raum gibt... nur Leben.

Ich bin das Leben.
Halleluja."

In dieser dritten Lektion wird der dritte Aspekt der Dreieinigkeit der Ideale besprochen. Der Weg, die Wahrheit und *„das Leben"*. Wenn man dem Weg und der Wahrheit folgt, dann wird einem das Leben gegeben. Es ist ein spirituelles Christus-/Buddha-/Gottes-Leben auf Erden. Wie es in der Bibel heißt: *„Trachtet zuerst nach dem Reich Gottes und alles andere wird euch zufallen."* Das Leben ist die Erfüllung des Befolgens des Weges und der Wahrheit. Es ist selbst noch mehr als das. Denn im Erkennen des Weges und der Wahrheit und dem Leben des Christusmusters durch jede Religion, alle spirituellen Wege oder mystischen Schulen, die du wählst, wirst du zum lebendigen Christus, Buddha, Atma, zur lebendigen mächtigen ICH BIN - Gegenwart, zur Monade, zum lebendigen Ewigen Selbst, zum lebendigen Geist, zur lebendigen realisierenden Seele. Die alchimistische Ehe zwischen Seele und Geist muss realisiert werden. Dadurch hast du die Herrschaft über die Welt. Du hast die universellen Gesetze Gottes gemeistert und erfüllt und bist so zum Gesetz geworden. Die Meisterschaft über diese Gesetze zu erlangen bedeutet somit, sie in deinem Dienst für Gott und deine Brüder und Schwestern in Gott und allen empfindungsfähigen Wesen anzuwenden.

Indem du dem Weg folgst und durch die Erkenntnis dieser großartigen Wahrheit, erreichst du deine Auferstehung und/oder deinen physischen Aufstieg, wie es Meister Jesus demonstrierte und du erlangst „Ewiges Leben". Dies ist eine andere Bedeutung des Lebens in diesem Zusammenhang.

Und doch ist es mehr als das. Durch das Realisieren des Christus bist und hast du buchstäblich alles, denn du hast dich selbst als einen inkarnierten Gott, inkarnierten Buddha, inkarnierten Melchizedek, inkarnierten Vishnu, inkarnierten Engel, inkarnierten Elohim, inkarnierten Atma, inkarnierte mächtige ICH BIN - Gegenwart, inkarnierte Monade, inkarnierten Geist erkannt. Du bist eins mit dir selbst und mit Gott. Du bist vollkommen in dir und eins mit der Schöpfung. Du begehrst nichts, denn du hast alles in Gott erkannt. Und so ist dein einziger Wunsch, zu dienen und zu geben. Durch den Akt des Gebens erhältst du dein Bewusstsein des Seins und alles zu haben. Dies ist das großartige Gesetz Gottes, des Christus und des Heiligen Geistes, meine Freunde.

Durch das Realisieren des Christus, durch jegliche Religion oder spirituellen Weg, den du wählst, wirst du dich vom Essen der Frucht des Baumes von Gut und Böse hin zum Essen vom Baum des „Lebens" bewegen. Durch das Realisieren des Christus durch jeglichen von dir ausgewählten Weg, wirst du als der Baum des Lebens durch das Wasser des „Lebens" genährt werden, was eine andere Bedeutung des Ausdrucks „Leben" in dieser Lektion ist. Der Baum des Lebens wird vom Wasser des Lebens genährt. Ist das nicht interessant? Und dies ist die Symbolik, die genutzt wird, um die Johannes Offenbarung im Neuen Testament zu beenden.

Dann isst du vom Brot des „Lebens". Dies ist das Manna des Himmels. Und du wirst „mit Gott speisen". Er wird dein Gott und wir seine Menschen sein. Durch diesen Vorgang wirst du den Lebens- und Sterbeprozess überwinden und ein ewiger Bewohner im Himmelreich und im Reich Gottes sein, wie Meister Jesus so anschaulich demonstriert hat.

Denn das Leben ist mehr, als nur die materielle Ebene. Die materielle Ebene macht nur 10 % dessen aus, was das „Leben" wirklich ist. Durch das Realisieren des Christus erkennen wir die restlichen 90 % des „Lebens". Wir wandeln Zeit und Raum um. Wir erkennen unsere Multidimensionalität. Wir integrieren unsere abgespaltenen Teile des Lichtkörpers, die vom Selbst getrennt waren. Uns wird der Schlüssel zum Königreich gegeben. Wir sind in der Lage, bewusst eine Seelenreise durch die Schöpfung zu unternehmen. Wir erkennen unsere vergangenen „Leben". Wir verstehen, dass die Vergangenheit, Gegenwart und Zukunft simultan sind. Und so haben wir ein reicheres „Leben".

Wie Meister Sananda sagte, unser Persönlichkeitsleben ist verschmolzen mit unserem Seelenleben und unser Seelenleben ist verschmolzen mit unserem spirituellen Leben. Die drei Ebenen der Selbstverwirklichung sind eins geworden.

Wir leben im heiligen Augenblick, in dem wir das himmlische Ideal sehen, in dem ich der Christus bin, du der Christus bist, wir miteinander und alle mit Gott eins sind. Gott hat nur einen Sohn oder eine Tochter und wir teilen die gleiche Identität in Christus oder, wenn du es bevorzugst, in Buddha, im Ewigen Selbst, in Krishna, in Vishnu, im Geist, im Elohim oder in Gott.

Die Geistige Welt, Sananda und die Meister offenbarten mir ein tieferes Verständnis über die Bedeutung des *„Lebens"*. Dies hat mit dem Leben, das Jesus führte, zu tun, seine vergangenen Leben und die Leben, die er lebte, nachdem er Jesus war, wie auch die Rolle der Mutter Maria, in der Bedeutung des Lebens. Lass mich mit dem Leben des Meister Jesus vor 2000 Jahren beginnen. Der Grund, weshalb die Worte *„das Leben"* verwendet werden liegt darin, dass Jesus das Muster damit prägte, wie er sein Leben lebte, damit alle zukünftigen Seelen ihm folgen können. Er wurde eins mit Christus und dem Christusmuster, um zusammen mit den großartigen Meistern, die in anderen Religionen und spirituellen Wegen ähnliche Christusmuster prägten, das *„Leben"* zu sein.

Um nun die Bedeutung von *„Leben"* aus einer breit gefächerten Bewusstseinsperspektive zu verstehen, müssen wir erwähnen, dass *„das Leben"* auch im Leben Sanandas, wie er es in all seinen vergangenen Leben führte, derart umgesetzt wurde. Denn er prägte nicht nur das Muster in seinem Leben als Jesus, er prägte es auch in seinen vergangenen Leben als „Amilius", als dieser in spiritueller Führung der zweiten Welle der Seelen nach Atlantis kam und im Bewusstsein fiel, wie es auch alle anderen Seelen taten. Als Adam in der ersten physischen Inkarnation, im Gegensatz zur ätherischen Inkarnation, fiel er dann erneut. So erkennen wir, dass „die Lebensgeschichte" von Jesus die gleiche wie die unsrige ist. Wir alle fielen aus der Gnade, durch das Essen vom Baum von Gut und Böse, wie es Jesus und Maria taten. Jesus zeigte durch seine zirka 33 vergangenen Leben das Muster auf, wie man den Reinkarnationsprozess nutzt, um Christus zu werden und vom Baum des Lebens zu essen und vom Wasser des Lebens genährt zu werden. Wir befinden uns alle auf derselben kosmischen Reise und so ist dies ein umfangreicheres Verständnis der Bedeutung des *„Lebens"*.

Nachdem Jesus auferstanden war, kehrte er zum Himmelreich zurück und arbeitete weiter an seiner kosmischen Entwicklung. Er war Chohan des sechsten Strahls und Weltenlehrer in seinem letzten kosmischen Zyklus. Das Leben von Jesus nach seiner Auferstehung zeigt uns somit die Natur des *Ewigen Lebens* im Reich Gottes, dem auch wir alle folgen sollten. Nicht gemäß dem gleichen spirituellen Auftrag natürlich, sondern im Sinne der Beständigkeit des Dienstes im „Nachleben". Wir erkennen nun also, dass das Wort *"Leben"* vielfältige Bedeutungen besitzt.

Nun fügen wir einen weiteren Aspekt des Verstehens der Bedeutung von *„Leben"* hinzu. Wir müssen auf das Leben der Mutter Maria schauen. Erinnere dich, wie ich in der ersten Lektion dieses Buches erwähnte, dass der Universelle Geist durch Edgar Cayce sagte, dass Mutter Maria und/oder Eva die zweite Hälfte der Seele von Jesus war. Im umfassenden breit gefächerten Bewusstsein, das aufzeigt, weshalb Jesus *"das Leben"* ist, verdeutlicht Mutter Maria in ihrem Leben auf Erden ebenfalls das Beispiel des Lebens im Aspekt der Göttin. Auf gleiche Weise setzt Quan Yin im Buddhismus ein Beispiel, Isis in der ägyptischen Mystik, Radha in der hinduistischen Krishnageschichte und so weiter. Denn, wie ich bereits erwähnte, ist Mutter Maria die zweite Hälfte der Seele von Amilius/Jesus und wurde durch die unbefleckte Empfängnis geboren, so wie Jesus auch. Ist das nicht faszinierend, da sie Jesus durch die unbefleckte Empfängnis gebar, wie wir alle wissen. Ist es nicht perfekt, das sie von derselben Seele waren? Mutter Maria erlangte natürlich ebenfalls den Aufstieg. Dadurch erkennst du auf spezielle und eigentümlich esoterische und mystische Weise, dass Mutter Maria sowohl *„das Leben"* als auch die zweite Hälfte der Seele von Amilius/Jesus war, denn als ihre Seelen zum ersten Mal in ätherischer Form zur Erde kamen, waren sie androgyn, vor der Kreation physischer Körper.

Das Verstehen des „*Lebens*" wurde perfekt aufgezeigt durch Eva, wie sie mit Adam, der Jesus war, vom Baum von Gut und Böse aß. Jesus wurde zum Christus, dem Baum des Lebens, trank vom Wasser des Lebens, wie in der Johannes Offenbarung, welche das Neue Testament beenden, aufgezeigt wird. Schauen wir uns an, wozu Mutter Maria wurde. In der Johannes Offenbarung wird Mutter Maria auf dem Mond stehend, mit einer Krone aus 12 Sternen auf ihrem Kopf, gesehen. Dies ist natürlich das großartige Symbol des Erlangens des „Lebens" im Aspekt der Göttin des „Lebens". Die 12 Sterne symbolisieren die Meisterschaft der 12 Schulen, Universitäten und Herausforderungen des Lebens oder die 12 Tierkreiszeichen, die 12 Tore, die zum Neuen Jerusalem führen, die 12 Apostel und die 12 Stämme Israels. Mutter Maria wird als diejenige betrachtet, welche die 3000 Prüfungen und Lektionen in jeder der 12 Schulen oder in jedem Tierkreis bestanden hat. Sie steht auf dem Mond, zeigt ihre Meisterschaft des Unterbewusstseins und der geistigen und emotionalen Energien. Sie ist schwanger, was ein Symbol dessen ist, den Christus geboren zu haben, sowohl in ihr selbst als auch im Außen.

Im größeren Zusammenhang der Seele von Amilius, was die erste ätherische Inkarnation von Jesus war, wird „*das Leben*" in Form des Gottes und der Göttin in der Seele von Amilius oder Sananda reflektiert, was ein Beispiel ist, das Jesus und Maria gesetzt haben. Es ist kein Zufall, dass Mutter Maria auf diese Weise dargestellt wird, um die Bibel abzuschließen. Ihre vergangenen Lebensgeschichten der Eva, wie sie von der verbotenen Frucht isst und mit Adam zusammen fällt, sind die großen weiblichen und männlichen Beispiele in der jüdisch/christlichen Geschichte, so wie Buddha und Quan Yin dies im Buddhismus widerspiegeln, Krishna und Radha oder Rama und Sita im Hinduismus und Horus und Isis in der ägyptischen Mystik. Uns wird in der jüdisch/christlichen Geschichte eine Form der Christus-erkenntnis gegeben, sowohl des *„Lebens"* des Gottes als auch der Göttin, der wir alle im Inneren folgen müssen, denn wir alle müssen den Gott/die Göttin im Inneren integrieren. Wir erkennen, dass dies in allen großen Religionen durch ein Beispiel erläutert wurde. Quan Yin enthüllt dies in der buddhistischen Religion. Gott kümmert sich nicht darum, ob du diese so genannten christlichen Begriffe, die in Wirklichkeit nicht christlich sind, nutzt. Du kannst es „Erdnussbutter" nennen, soweit Gott, Christus und der Heilige Geist und das Gottes-, Christus-, Heilige Geist-Muster realisiert wurden.

Dieses Verstehen, meine geliebten Leser, ist das, was das Realisieren des „lebendigen Christus mit einem integrierten breit gefächerten Bewusstsein" genannt wird. Wenn du es wählst, die Worte Buddha, Atma, Ewiges Selbst, ICH BIN, integrierter Aufgestiegener Meister, integrierter spiritueller Meister, inkarnierter Gott, ICH BIN - Meister, vollkommen realisierter Sohn und/oder Tochter Gottes oder selbst- und gottrealisiertes Wesen für das Wort Christus zu ersetzen, ist das vollkommen in Ordnung. Gott kümmert sich nicht darum, solange Christus realisiert wird und das Gottesmuster durch ein Beispiel in der richtigen Yin und Yang-Harmonie, wie Lao Tse in seiner Lehre des Taoismus lehrte, aufgezeigt wird. Dadurch erlangt man das Tao.

Ein letzter Gedanke noch, mein Freund: Stelle dir nun vor, dass du zum Christus wirst, in der Weise dieses „integrierten breit gefächerten Bewusstseins", durch das Studieren der großen Religionen, aller Speichen des Rades, aller großen spirituellen Wege, aller großen mystischen Schulen, spirituellen Informationen, Gurus und aller spirituellen Lehrer und Channels. Dann, mein geliebter Leser, wirst du erkennen, obwohl du deinen eigenen bevorzugten Weg gehen wirst, wie Gott sieht. Du wirst zum Christus durch alle Religionen und alle spirituellen Wege. Du wirst den Christus durch alle Speichen des Rades realisieren. Du wirst nicht nur ein Christus sein, du wirst zudem noch ein „integriertes breit gefächertes Bewusstsein" durch den Weg der Synthese erlangen und auf diese Weise verschmelzen alle Religionen, spirituellen Wege und Speichen des Rades in Einheit und Integrität. Du erkennst, dass dann kein noch so winziger Unterschied zwischen dem, was Jesus und Maria lehrten, dem was Buddha und Quan Yin, Horus und Isis, Krishna und Radha, Rama und Sita, Lao Tse, Konfuzius, Zoroaster, Moses und Mohammed lehrten, herrscht.

Indem du deinem Weg der integrierten Wahrheit folgst, entwickelst du ein großartiges Verständnis dessen, was Gott, Christus und der Heilige Geist wirklich sind. Anstatt den Christus durch einen Filter zu sehen, kannst du Gott, Christus und den Heiligen Geist durch alle Filter des Prismas „simultan" sehen. Dies bedeutet nicht, dass du das Christentum bevorzugen sollst, wenn dir nicht danach ist, oder den Buddhismus, Hinduismus, das Judentum oder jeglichen anderen Weg, denn ein jeder fühlt sich auf seine spezielle Weise zum Göttlichen hingezogen. Du wirst jedoch ein solches „integriertes und breit gefächertes Bewusstsein" erlangen und der Weg, dem du auch immer folgst, wird dazu beitragen.

Auf diese Weise, mein geliebter Leser, sehen die Aufgestiegenen Meister der inneren Ebene diesen Prozess. Dies, mein geliebter Leser, ist der 2000 Jahre alte Aufruf des Meister Jesus, die neue Offenbarung für das Neue Zeitalter. Es ist auch eine Offenbarung, den Christus nicht als Person zu suchen oder auf Lord Maitreya oder auf Jesus zu warten, dass er physisch wiederkommt oder sich als der planetare Christus der inneren Ebene inkarniert, wie berichtet wurde in den Lehren der Aufgestiegenen Meister. Denn dies wird nicht geschehen. Die wahre Lektion der Bewegung des 2000-jährigen Fischezeitalters zum Wassermannzeitalter ist es, den „Christus im Inneren" zu finden. Wie Meister Jesus sagte: *"Wer an mich glaubt, der wird die Werke auch tun, die ich tue, und er wird noch größere als diese tun; denn ich gehe zum Vater."* Wenn Lord Maitreya oder Jesus oder Buddha oder irgendein anderer großer Meister käme, dann würde die Hälfte der Welt ihn auf einen Podest heben und in der Außenwelt suchen und die andere Hälfte würde ihn ablehnen, wie sie es vor 2000 Jahren mit Jesus taten. Denn, wie Jesus sagte: *„sie haben nicht die Augen, zu sehen und die Ohren, zu hören."*

2000 Jahre später kommen Meister Jesus, Metatron, Quan Yin, Buddha, Djwhal Khul und die anderen Aufgestiegenen Meister zurück, um dir aufzuzeigen, wie du den Christus in der Weise des breit gefächerten Bewusstseins realisieren kannst, damit du die Solidarität und Einheit von Ost und West demonstrieren kannst. Dieses Buch stellt eine Offenbarung für das Neue Zeitalter dar wie auch die Bücher der leicht zu lesenden Enzyklopädie des spirituellen Pfades *(erschienen im Lippert-Verlag)*. Sie wurden geschrieben, um allen Seelen der Erde zu helfen, zum „Christus im integrierten breit gefächerten Bewusstsein" zu werden, ungeachtet dessen, welche Religion oder welchen spirituellen Weg sie gewählt haben. Denn, wie die drei Musketiere zu sagen pflegten, „Einer für alle und alle für einen." Im Judentum wird gesagt: „Der Herr, dein Gott, ist eins."

Die dritte Dispensation der Lehren der Aufgestiegenen Meister, welche der Aufgestiegene Meister Djwhal Khul in den Büchern von Alice Bailey 1940 prophezeite, würde zur Jahrhundertwende erscheinen und ist die Grundlage für das Einbringen der 144000 integrierten Aufgestiegenen Meister, ICH BIN - Meister, christusrealisierten Wesen, Buddhas, Atmas, Wesen des Ewigen Selbst und Götter des integrierten breit gefächerten Bewusstseins auf Erden, um zu helfen, das Neue Jerusalem und das Siebte Goldene Zeitalter hervorzubringen.

So steht es geschrieben! So soll es geschehen!

Amen! Namaste! Halleluja! Ho! Aum! Om Ah Hum! Adonai! Allah Akbar!

Kodoish, Kodoish, Kodoish Adonai Tsabayoth!

Heilig, heilig, heilig ist der Herr der Heerscharen!

Lektion 4

Sananda-Metaphorik – 4

„Ich bin die Tür..." Johannes 10:9

„Ich bin die Tür; wenn jemand durch mich hineingeht, wird er selig werden und wird ein- und ausgehen und Weide finden. Ein Dieb kommt nur, um zu stehlen, zu schlachten und umzubringen. Ich bin gekommen, damit sie das Leben und volle Genüge haben sollen." Johannes 10:9

DER SUCHENDE:

Bei meiner Seelenreise stieß ich auf eine einfache aber robuste hölzerne Tür. Es schien, als ob die Holztür, die so grob geschnitten war, vom Baum von Golgatha stammte. Dort stand sie, über den Wolken. Sie war offen, also trat ich ein. Dann hörte ich eine Stimme von Innen. Es war die Stimme von Jesus, die mich rief. Ich lauschte.

SANANDA:

"Ich bin die Tür. Eine Tür bleibt verschlossen oder geöffnet. Es ist meine Kraft, die dies vermag. Ich kann sie schließen und ich kann sie verriegeln. Ich bin derjenige, der die Ohren und die Augen der Menschen öffnet. Ich habe diese Macht, sie zu öffnen und zu schließen, durch die göttliche Kraft meines Herzens. Ich kann in die härtesten Herzen mit meiner immerwährenden

Macht und Liebe eindringen. Ich kann Ohren berühren mit nur einem Wort von meinen Lippen. Ich kann die Augen der Menschen mit meinem göttlichen Blick öffnen. Hast du jemals diesen „göttlichen Blick" gespürt? Er kann dein gesamtes Sein aufnehmen und dich auch verändern. Es kann dich erheben und transformieren. Nicht alle möchten in meine Augen schauen oder ihre Ohren öffnen, auf Grund ihrer Angst. Doch ich sage dir: Fürchte dich nicht. Erforsche die Heilige Schrift und beobachte, wie oft ich diese Aussage treffe, denn die Zerstörung der Angst bringt Freiheit und die Weisheit der Liebe.

Als ich an dem hölzernen Kreuz hing war dies eine Tür, um alle Menschen einzuladen, in das Himmelreich einzutreten. Die Krone aus Dornen war ein Augenblick des Erwachens der Seele. Der Anblick meiner sollte die Herzen der Menschheit erweichen. Aber dies geschah nicht, selbst damals nicht. Für viele war ich ihre „erste Liebe" als sie kleine Kinder waren. Aber die Sorgen und Ängste der Welt ließen sie von ihrer „ersten Liebe" abwenden, hin zu den Göttern dieser Welt. Sie suchen weiterhin, aber sie suchen die falschen Türen, die sie in ihre eigene Vernichtung führen.

Ich bin die Tür. Ich strebe nur danach zu geben. Ich gebe nur, um Menschen für mein Reich zu erlangen. Aber der Mensch bleibt weiterhin in Angst. Der Mensch scheitert daran, in seiner eigenen Welt hinter die Tür zu schauen, um durch die Tür, jenseits der Tür zu sehen. Er scheitert einfach daran. Öffne deine Ohren. Höre meine Worte und wende dich von allem ab, was nicht vom Ewigen ist. Wende dich davon ab, was scheitert und zerrinnt, denn es bringt dir nichts Gutes. Höre nur auf meine Stimme. Es ist nicht diese laute, brüllende, prahlende Stimme, die voller Arroganz ist. Nein, höre auf diese winzige Stimme, die in der Tiefe deiner Seele spricht. Unter dem Lärm und dem Geplapper vieler Stimmen, die keine Früchte tragen. Doch ich trage viele Früchte. Gib deine Angst ab und wage den ersten Schritt. Einer meiner Schritte ist wie hundert Schritte und ich sage dir: Öffne die Tür."

Sananda offenbart hier einen wichtigen und beeindruckenden Punkt, indem er über die „Tür" spricht. Natürlich spricht er hier über die „christusbewusste Tür", die betreten werden kann durch alle Religionen und spirituellen Wege.

Es muss jedoch verstanden werden, dass es „viele Türen" gibt. Es gibt „die Tür" und dann gibt es die „niederen Türen". So wie es eine kostbare Perle gibt, von der Quan Yin in ihrem Buch *Quan Yins Meisterprinzipien für Gesundheit, Kraft & Fülle* sprach, gibt es auch niedere Perlen. Es gibt Gott und dann gibt es niedere Götter. Es gibt eine große Liebe, die Gott ist und dann gibt es alternative Geliebte. Maria Magdalena war eine Hure, eine ehebrecherische Geliebte. Es ist entscheidend zu verstehen, dass wir alle ehebrecherische Liebhaber waren. Denn in unseren vergangenen Leben, und ich bin mir sicher, auch in diesem Leben, haben wir alle Dinge wie Macht, Ruhm, Geld, Sex, Menschen, materielle Dinge, Eitelkeit, Stolz, negative Gefühle und Emotionen, Kinder, Liebesbeziehungen, Gedanken, Theorien, Philosophien und Glaubenssysteme vor Gott gestellt und geliebt. All diese Dinge sind „niedere Türen", meine Freunde.

Der Wunsch von Meister Jesus ist, dass alle Seelen nur den Weg durch die „christusbewusste Tür" wählen. Denn diese Tür ist *„die Auferstehung und das Leben"*. Es ist *"die offene Tür, die kein Mensch schließen sollte."*

Das Entscheidende ist nun das Wort „Wählen" das ich in diesem letzten Abschnitt benutzt habe. Denn in jedem Augenblick unseres Lebens haben wir eine Wahl zwischen Gott oder dem negativen Ego. Wie Jesus in *Ein Kurs in Wundern* sagte: „Es gibt keine neutralen Gedanken." Jeder Gedanke, den du denkst, jedes Gefühl, das du kreierst, jedes Wort, das du sprichst und jede Tat die du umsetzt, stammt entweder von Gott oder vom negativen Ego. Es stammt entweder vom spirituellen Christus-/Buddha-/Gottesbewusstsein oder vom negativen Ego mit seinem angstbegründeten, trennenden Bewusstsein. Es ist entweder ausgeglichen oder unausgeglichen. Es ist entweder passend oder unpassend. „Es gibt keine neutralen Gedanken."

Da dies nun aufgezeigt wurde, haben Sananda, die Geistige Welt und die Meister eine Liste der Wahlmöglichkeiten zusammengestellt, bei denen du dich jeden Augenblick deines Lebens entscheiden musst, wenn du durch die „christusbewusste Tür", von der Sananda/Jesus spricht, gehen willst. Wenn du durch die folgende Liste gehst, nimm dich selbst mit absoluter Ehrlichkeit unter die Lupe, so als würdest du auf das spirituelle Christus-/Buddha-/Krishna-/Gottesideal treffen und erkennen, wie du auf allen Ebenen dein Leben lebst.

Hier folgt die Liste der Wahlmöglichkeiten „der christusbewussten Tür":

* ewig oder vergänglich
* beständig oder unbeständig
* dauerhaft oder sterblich
* Wahrheit oder Illusion
* echt oder Erscheinung
* Gottes Realität oder Glanz
* Gott oder Mammon
* Geist oder übermäßige Identifizierung mit Materie
* Höheres Selbst oder niederes Selbst
* Heiliger Geist oder negatives Ego
* Einheit oder Trennung
* Liebe oder Angst
* Christus oder Satan

* Licht oder Dunkelheit
* neues Jerusalem oder Babylon
* Abel oder Kain
* sieben Lampen oder sieben Schalen des Zorns
* Krone des Lebens oder Dornenkrone
* erwachte Kundalini oder Schlange
* Lamm oder Biest und Drachen
* sieben Jahre Reichtum oder sieben Jahre Hungersnot
* Siegel Gottes auf der Stirn oder Kennzeichen des Biestes
auf der Stirn
* Christus oder Adam
* Befreiung oder Knechtschaft
* Gut oder Böse
* Wiedergeboren oder zweiter Tod
* Aufstieg oder übermäßige Identifizierung mit Materie
* Selbsterkenntnis oder Narzissmus des kleinen Selbst
* Gottes Wille oder Wille des negativen Ego
* Umgestaltung oder Auflösung
* inkarnierter Gott/Christus/Buddha/Ewiges Selbst
oder Persönlichkeit
* unsterbliche Seele oder physischer Körper
* integrierter Aufstieg oder fragmentierter Aufstieg
* physischer Aufstieg oder Grab
* spirituelles Sehen oder Blindsein
* Taube oder Schlange
* die zarte Stimme im Inneren oder die heftige Stimme
des negativen Egos
* erwachte Kundalini oder die Schlange, die Adam und Eva verführte
* Tao oder Disharmonie
* Namen im Buch des Lebens eingetragen oder Namen nicht im Buch
des Lebens eingetragen

* Säule im Tempel Gottes oder Turm von Babylon
* sieben Jungfrauen oder sieben Huren von Babylon
* sieben Kirchen oder sieben Plagen
* Ausgeglichenheit oder Unausgeglichenheit
* Integration oder Fragmentierung
* Weisheit oder Ignoranz
* Auferstehung oder der Fall
* Frucht des Baumes des Lebens oder Frucht des Baumes von Gut und Böse
* das Wasser des Lebens oder der Fluss des Todes
* Lamm oder der Wolf im Schafspelz
* sieben goldene Leuchter oder sieben Schalen des Zorns
* der Thron Gottes oder den Abgrund
* Söhne und Töchter Gottes oder Söhne von Belial
* die sieben himmlischen Tugenden oder sieben Todsünden
* der Fürst dieser Welt oder der Fürst der Dunkelheit
* Gottesrausch oder hedonistischer Rausch
* das siebente goldene Zeitalter oder Sodom und Gomorrha
* Jakob oder Esau
* Moses oder Pharao
* Buddha oder Mira
* die Perle von großem Wert oder niedere Perlen
* die Zehn Gebote oder das goldene Kalb
* die Apostel oder die Pharisäer und Sadduzäer
* Erzengel Metatron oder Luzifer
* der echte Gott oder falsche Götter
* der Geist Gottes oder Anbetung von Idolen
* Himmel oder Hölle
* Mutter Maria oder Jezabel
* David oder Goliath
* Petrus oder Judas

* Salomon oder Herodes
* das Gelobte Land oder 40 Jahre in der Wüste
* König David oder König Saul
* Gott oder seine Schöpfung
* Vermählung mit Gott oder Vermählung mit kleinen Göttern
* Garten von Eden oder Golgotha
* Jungfrau Maria oder Hure von Babylon
* sieben Jungfrauen oder die sieben ehebrecherischen Geliebten
* die Jakobsleiter hinauf oder der zweite Tod
* der Abgrund oder der Thron Gottes
* sieben Bücher des Lebens oder Leopard mit sieben Köpfen
und zehn Hörnern
* Einhorn oder Biest mit zwei Hörnern
* neuer Wein des Ewigen Lebens oder der alte Wein des niederen
Selbst und fleischliche Freuden
* das Himmelreich oder das Reich der Erde

Meine geliebten Leser, ich schließe diese Liste mit den Worten von Meister Jesus in seinem vergangenen Leben als Josua ab, in dem er von Moses den Stab erhielt, um die jüdischen Menschen in das Gelobte Land zu bringen und Josua sagte: „...wählt euch heute, wem ihr dienen wollt... Ich aber und mein Haus wollen dem Herrn dienen."

Es ist wesentlich zu verstehen, wie Meister Jesus in *Ein Kurs in Wundern* aufzeigt, dass „alle gerufen sind, aber nur wenige sich entscheiden, zu hören." Alle Dinge auf der rechten Seite sind die niederen Türen. Die Dinge auf der linken Seite sind die „christusbewussten Türen". Daher heißt es in der Bibel: *Sei getreu bis an den Tod, so will ich dir die Krone des Lebens geben.* Erinnere dich an Mutter Maria, die eine Krone aus 12 Sternen in der Johannes Offenbarung am Ende des Neuen Testaments trägt.

Meister Jesus sagte: *"Denn was hülfe es dem Menschen, wenn er die ganze Welt gewönne und nähme an seiner Seele Schaden?"* Er sagte ebenfalls: *"Denn wer sich selbst erhöht, der wird erniedrigt werden; und wer sich selbst erniedrigt, der wird erhöht werden."* Wir alle müssen das niedere oder kleine Selbst kreuzigen, um Gott zu realisieren. Wie Sai Baba sagt: „Gott gleicht dem Menschen minus Ego." Gott ist ein Wesen, das Gott kennt, ohne das Böse als Referenzpunkt zu benötigen. Der Universelle Geist sagte durch Edgar Cayce: „Diejenigen, die Gott auf Erden preisen, werden von Gott im Himmel gepriesen werden." Auf der anderen Seite werden diejenigen, die das Selbst auf Erden preisen, im Himmel erniedrigt werden. Dies ist nicht die Strafe Gottes, es sind die Gesetze des Karma oder die Ursache und Wirkung in Aktion. Denn Gott behandelt jeden von uns so, wie wir unsere Brüder und Schwestern behandeln.

Das große Gesetz des Lebens besagt, dass wir Gott nur realisieren können, wenn wir Gott geben. Wie Jesus in *Ein Kurs in Wundern* sagte: „Um alles zu haben, musst du alles geben." Das, was du einem Bruder oder einer Schwester verwehrst, das verwehrst du in Wahrheit dir selbst. Denn es gibt nur einen Christus und wir sind alle Teil der Sohnschaft. Das Leben ist nichts anderes, als dass ich, Gott, zu dir, als Gott, rede und innere Führung von der inneren Ebene der Aufgestiegenen Meister, die Gott sind, erlange, zum Zweck, dass alle Gott, den Vater, erkennen. Es ist wichtig zu verstehen, dass Ehrfurcht niemals angebracht ist in der Beziehung zu einem Bruder oder einer Schwester. Ehrfurcht ist nur angebracht Gott gegenüber. Respekt ist angebracht gegenüber einem älteren Bruder und einer älteren Schwester, wie Jesus so eloquent in *Ein Kurs in Wundern* sagte. Durch das Geben von Gott wird Gotteserkenntnis realisiert. Wenn wir also beispielsweise Wohlstand erlangen möchten, wie der Universelle Geist durch Edgar Cayce sagte, dann sollten wir dazu beitragen, dass ein anderer wohlhabend wird. Wenn du Freundschaft willst, dann gib Freundschaft. Wenn du Liebe willst, dann gib Liebe. Das gesamte unendliche Universum ist nur ein Wesen, das Gott ist, welcher sich in unendliche, verschiedene Formen inkarnierte.

Und so gehen wir durch die *„christusbewusste Tür"* durch alle Religionen und spirituellen Wege, indem wir nur Gott sehen und nur Gott geben. Der spirituelle Weg ist wirklich sehr einfach. Wenn du mit Gott im Himmel sein willst, dann handle wie Gott auf Erden.

Nun ist es sehr wichtig zu verstehen, dass einer der absoluten Schlüssel, um durch die „christusbewusste Tür" zu gehen, von der Sananda spricht, ist, die Angst zu überwinden. Denn das Gegenteil der Angst ist die Liebe. Ich würde dir gern das „Rezept" dafür geben, um die Angst zu überwinden. Was ich nun mit dir teilen werde, ist eines der größten esoterischen Geheimnisse des Lebens, daher höre genau hin.

Erstens heißt es in der Bibel: *"...die vollkommene Liebe treibt die Furcht aus..."* Wenn man nicht liebt, dann greift man an oder urteilt, was laut dem Gesetz des Karma bedeutet, dass deine eigenen „angreifenden Gedanken" in Form von Angst zu dir zurückkommen werden. Das negative Ego hat immer zwei Seiten seiner Münze. In diesem Fall ist es Angriff und Angst. Dies ist das Gleiche wie Überlegenheit und Unterlegenheit. Wenn ein Mensch in Überlegenheit lebt, dann wird er in Unterlegenheit enden, denn in der Bibel heißt es: *„Hochmut kommt vor dem Fall."* Somit ist die einzige Möglichkeit von der Angst loszukommen, dich von deinen angreifenden Gedanken zu befreien, wie Meister Jesus so eloquent in *Ein Kurs in Wundern* sagt.

Viele denken nun, dass nur liebevoll zu sein genug ist, um sich von der Angst zu befreien. So ist es jedoch nicht, meine Freunde. Um sich vollkommen von der Angst zu befreien, benötigt es die Ausgeglichenheit der dreifaltigen Flamme von Liebe, Weisheit und Kraft. Wenn man keine Kraft und Selbstbeherrschung hat, kann man seine eigenen Gedanken oder Gefühle und Emotionen nicht kontrollieren und meistern und daher ist es unmöglich ohne Kraft die Angst zu überwinden.

Es ist auch unmöglich, die Angst ohne Weisheit zu überwinden, da die Essenz dessen, was das negative Ego wirklich ist, die Angst ist. Das negative Ego mit seinem angstbegründeten, trennenden Denken ist sehr gerissen und es gibt nur acht Wesen auf der ganzen Erde, die es gemeistert haben und selbst diese Acht haben es nicht unbedingt zu 100 % geschafft, aber sie haben genug gemeistert, um als vollständig integrierte spirituelle Meister oder vollständig integrierte Aufgestiegene Meister zu gelten. Um das negative Ego zu überwinden und nur noch aus dem spirituellen Christus-/Buddha-/Gottes-bewusstsein heraus zu denken, benötigt es ein Leben voller Training und Übung.

Denn, wie Meister Jesus in *Ein Kurs in Wundern* sagt, das negative Ego mag verrückt sein, aber unterschätze nicht seine Fähigkeit der Selbsttäuschung und des Selbstbetrugs. Das negative Ego existiert in Wirklichkeit gar nicht, denn es ist nur die Erfindung unserer Einbildung, das wir es geschaffen haben, als wir vom Baum von Gut und Böse, wie es Adam und Eva taten, aßen. *„Die Tür"* ist der Weg nach Hause, aus der Angst, der Trennung, des negativen Egos hinaus und wieder zurück zur „Sühne". Dies ist die großartige Botschaft von Meister Sananda/Jesus, von Christus und vom Heiligen Geist.

Und so seht ihr, meine Freunde, um die Angst zu meistern, benötigt es die richtige Entwicklung von Liebe, Weisheit und Kraft. Es erfordert auch das Gebet, um die Angst zu meistern. Denn wie der Universelle Geist durch Edgar Cayce sagte, „Warum sich sorgen, wenn man beten kann?" In der Bibel heißt es: *„Ich vermag alles durch den, der mich mächtig macht."* In der Bibel heißt es zudem: *„Ist Gott für uns, wer kann wider uns sein?"* Ich sage meinen Schülern und Freunden gerne: „Gott, die Aufgestiegenen Meister, die Erzengel und Engel, die Elohim-Meister, die christusbewussten Außerirdischen, deine persönliche Kraft und die Kraft deines Unterbewusstseins sind ein unschlagbares Team." Dies ist es, was die Affirmation des integrierten breit gefächerten Bewusstseins genannt wird. Denn es muss immer daran gedacht werden, dass Gott denjenigen hilft, die sich selbst helfen und das Leben ein mitschöpferischer Prozess ist. Und so müssen wir unsere persönliche Kraft und Selbstbeherrschung nutzen und unser Unterbewusstsein darauf programmieren, dass es zu unserem Diener wird und für uns arbeitet, denn dies ist Teil des Prozesses, durch *„die offene Tür zu gehen, die kein Mensch schließen sollte."*

Teil der Bedeutung dieses Zitats ist, dass diese Tür für die Ewigkeit geöffnet wurde und für die Ewigkeit geöffnet bleiben wird. All die Illusion, Glanz, Maya, Selbstbetrug und Selbsttäuschung des menschlichen Denkens hat diese *„offene Tür"* kein bisschen beeinträchtigt. Wie in der Einleitung von *Ein Kurs in Wundern* von Meister Jesus gesagt wird, „Nichts Wirkliches kann bedroht werden. Nichts Unwirkliches existiert. Hierin liegt der Frieden Gottes."

Meine geliebten Leser, in der Kombination von Liebe, Weisheit und Kraft, Gebet, dem Denken aus dem spirituellen Christus-/Buddha-/Gottesbewusstsein in integrierter und ausgeglichener Form, Affirmationen und Visualisierungen liegt das große esoterische

Geheimnis, wie die Angst überwunden werden kann. „Denn Gott ist ein Wesen, das bedingungslose Liebe kennt ohne die Angst als Referenzpunkt zu benötigen." Gott ist zudem ein Wesen, "welches das Licht kennt ohne die Dunkelheit als Referenzpunkt zu benötigen."

"Die offene Tür, die kein Mensch schließen soll" ist eine großartige ewige Wahrheit. Alle sind aufgerufen, durch diese Tür zu gehen, doch nur wenige hören diesen Ruf. Dieses Buch und die anderen Bücher wurden gechannelt und geschrieben, um dir zu helfen, durch die christusbewusste Tür durch alle Religionen und spirituellen Wege oder durch keine Religionen oder spirituellen Wege zu gehen. Es ist unwichtig, welchen Weg du gehst, denn alle Wege führen am Ende zu Gott.

Sananda und ich möchten diese Lektion gern wie folgt abschließen: „Suchet und ihr werdet finden. Klopfet an und euch wird aufgetan." Durch das Streben nach Selbst- und Gotteserkenntnis und die Suche danach, ein integrierter spiritueller Meister und lebendiger Christus, Buddha, Atma, ein lebendiges Ewiges Selbst und lebendiger Gott zu werden und auch bei Gott, Christus, dem Heiligen Geist, deiner mächtigen ICH BIN - Gegenwart, deiner Überseele, deinem Überbewusstsein und den Aufgestiegenen Meistern, Erzengeln und Engeln, Elohim-Meister und christusbewussten Außerirdischen um Hilfe zu beten, wirst du die Tür finden und durch die Tür gehen. Denn es ist das Schicksal aller sich entwickelnder Seelen, nach Hause zurückzukehren. Es ist Gottes Wille, dass keine Seele zugrunde geht. Alle sich entwickelnden Seelen werden nach Hause zurückkehren, es ist nur eine Frage der Zeit. Diese Bücher und die Aufstiegs-Aktivierungs-Meditationen (siehe Bücher & CDs Lippert-Verlag) wurden gegeben, um die Zeit zu verkürzen. Denn der ursprüngliche Zweck der Erde war nicht, sie als Schule zu nutzen, um gefallenen Seelen zurück nach Hause zu helfen. Dies kam erst, nachdem vom Baum von Gut und Böse gegessen wurde, was nicht Gottes Plan war, sondern der Missbrauch des freien Willens des Menschen. Da diese Entscheidung getroffen wurde, entwickelten Gott und die Meister und die Engel einen originellen Weg, um dies durch den Reinkarnationsprozess zu berichtigen. Meister Jesus war der erste, der durch diese „Tür" in der Fülle des Christus auf der planetaren Ebene ging. Der erste Adam und die erste Eva, welche die so genannte „Ursünde" durch diesen Evolutionsprozess begingen, wurden erlöst. Der Zweck dieses Buches ist es nun, der gesamten „Adamischen Rasse" zu helfen, durch diese „Tür" zu gehen.

„...wählt euch heute, wem ihr dienen wollt... Ich aber und mein Haus wollen dem Herrn dienen."

Trefft diese Entscheidung, meine Freunde, wie es Josua tat, der eine Inkarnation von Jesus war, und er wird dich zusammen mit all den anderen Aufgestiegenen Meistern durch diese *„offene Tür, die kein Mensch schließen soll"* führen. Durch das Durchschreiten dieser Tür wirst du in das „Gelobte Land aus Milch und Honig" geführt.

So steht es geschrieben! So soll es geschehen!

Lektion 5

Sananda Metaphorik – 5

„Ich bin der wahre Rebstock..." Johannes 15:1-2

„Ich bin der wahre Rebstock und mein Vater der Weingärtner. Eine jede Rebe an mir, die keine Frucht bringt, wird er wegnehmen; und eine jede, die Frucht bringt, wird er reinigen, dass sie mehr Frucht bringe." Johannes 15:1-2

DER SUCHENDE:

Bei der Suche nach dem wahren Göttlichen im Inneren stoße ich manchmal auf viele Antworten; viele, die scheinbar das erfüllen, was ich suche. Und so bat ich Meister Jesus/Sananda, meine Fragen zu beantworten. Der Weltenlehrer erfüllte meinen wissbegierigen Geist. Er sprach:

SANANDA:

"*In diesen Tagen wird es immer viele falsche Lehrer, Propheten und selbst falsche Meister geben. Aber mein Wort ist wahr. Wenn ich sage, dass ich der wahre Rebstock bin und mein Vater der Weingärtner, dann kannst du gewiss sein, dass ich die Wahrheit spreche. Ich bin hier, um dir zu helfen, mein Abbild zu werden. Wie ich gepeinigt und schlecht behandelt wurde und viele Lasten trug, gab es dafür tatsächlich keinen Grund, mich zu reinigen. Doch ich tat es, um dir ein Beispiel zu geben, dass du gereinigt und selbst gestutzt werden mögest. Was ist dies für eine Frucht, von der ich möchte, dass du sie trägst? Ist es die Frucht des Heiligen Geistes, ist es diese Frucht, die von einer Seele auf der Ebene des spirituellen Christus-/Buddha-/Gottesbewusstsein weitergetragen wird? Ist es die Frucht, die ich in dir sehen will und welche die gesamte Welt ebenfalls sehen sollte? Und was bedeutet sie?*

Dies ist es, wovon im Buch der Galater gesprochen wird, was Liebe, Freude, Frieden, Geduld, Freundlichkeit, Güte, Sanftmut, Treue und Selbstkontrolle ist. Dies ist das im Geiste leben, wenn du im Geiste lebst. Dies ist die Frucht, von der ich spreche. Das Gegenteil davon sind die Handlungen des Fleisches. Sie basieren auf dem negativen Ego mit all seinen Handlungen. Dies ist nicht die Frucht, die ich meine. Die Handlungen des Fleisches sind: Unmoral, Unreinheit, Götzendienst, Hexerei, Feindschaft, Unmut, Eifersucht, Wutanfälle, Streit, Meinungsverschiedenheiten, Unstimmigkeiten, Neid, Trunkenheit, Zecherei und ähnliche Dinge. Diese Menschen werden nicht in das Reich des Vaters eintreten. Diese Menschen tragen keine Früchte. Wohne in meiner Frucht und schau nach, ob du die Taten des Fleisches in dir trägst.

Benötigst du Stutzung? Manchmal stutze ich selbst durch Prüfungen und Schwierigkeiten. Dies ist nur zu deinem Besten. Manchmal wirst du selber das Stutzen vornehmen. Und es wird Zeiten geben, in denen du durch Lektionen, die deinen Weg kreuzen, gestutzt werden wirst. All dies ist zu deinem Besten. Verachte das Stutzen nicht. Betrachte es als Gnade, um reichere Früchte zu tragen. Verweile in meinen Worten."

Aus dem Koran – Sure 8 – Vers 29

„Oh, die ihr glaubt, wenn ihr Allah fürchtet, wird er euch eine Auszeichnung gewähren und eure Übel von euch nehmen und euch vergeben; und Allah ist voll großer Huld."

Sananda/Jesus bringt hier natürlich ein weiteres beachtliches Symbol hervor. Der Rebstock, welcher der Geist ist, und die Zweige des Rebstocks sollen die Frucht des Geistes tragen. Dies sind auch die Gaben und die Frucht des Heiligen Geistes, zusammen mit den Früchten, die Sananda erwähnt hat, mit den Handlungen des Fleisches. Dies könnte als die 33 himmlischen Tugenden und die 33 Todsünden betrachtet werden.

Ich würde gern mit den 33 Todsünden beginnen.

Die 33 Todsünden sind:

Macht
Ruhm
Geld
Anhaftung
Sexualität
Das Begehren des niederen Selbst
Wut
Angst
Egoismus
Falscher Stolz
Überheblichkeit des Selbst
Das Selbst als zu wichtig erachten
Schwelgen im Selbst
Selbstinteresse
Selbstglorifizierung
Ungeduld
Negatives Ego - Dualität
Eifersucht
Eitelkeit
Ichbezogenheit

Gefräßigkeit

Extremismus

Angreifende Gedanken

Opferbewusstsein

Rache

Hass

Verurteilung

Klatsch

Arroganz

Selbstgerechtigkeit

Schuldgefühle

Selbstmitleid

Faulheit

Aufschieben der Dinge

Autopilot

Sorgen

Neid

Defensive

Traurigkeit

Zersplitterung

Begrenzter Filterblick

Schmerz

Trennung

Selbstzweifel

Mangel an Selbstliebe

Launenhaftigkeit

Armutsbewusstsein

Zerstreuung

Machtlosigkeit

Aggressivität

Unordnung

Unehrlichkeit

Narzissmus

Steifheit

Engstirnigkeit

Schlechte Gewohnheiten

Süchte

Fleischlich-sinnlicher Einfluss

Fluchen

Aufregung

Manisch/Depressiv

Die 33 himmlischen Tugenden sind:

Bedingungslose Liebe

Vergebung

Nicht Urteilen

Geduld

Harmlosigkeit

Verteidigungslosigkeit

Großzügigkeit

Schuldlosigkeit

Selbstbeherrschung

Kausalität

Gottesreinheit

Egolosigkeit

Heiligkeit

Selbstlosigkeit

Toleranz

Selbstdisziplin

Loslassen

Selbstliebe oder Selbstwert

Das Leben als die Erfüllung spiritueller Aufgaben und Lektionen betrachten

Vorzüge haben

Freude

Glückseligkeit

Ausgeglichenheit des Geistes

Persönliche Macht

Hingabe

Idealismus

Harmonie

Aktive Intelligenz

Weisheit

Sich Gottes Willen hingeben

Integration

Ausgeglichenheit

Breit gefächertes Bewusstsein

Einheit

Entschlossenheit

Bescheidenheit

Demut

Beharrlichkeit

Kooperation

Zutrauen

Mut

Spirituelle Unterscheidungskraft

Freudige Wachsamkeit

Selbstbewusstsein

Verantwortung

Involviertes Loslassen

Ganzheit

Mit sich selbst im Reinen sein

Mit Gott im Reinen sein

Glauben

Reichtumsbewusstsein

Zartheit

Bestimmtheit

Ordnung

Dankbarkeit

Ehrlichkeit

Innerer Frieden

Spirituelle Ekstase

Offenheit

Vertrauen

Erweitertes Bewusstsein

Die 33 himmlischen Tugenden manifestieren sich als Resultat dessen, aus dem spirituellen Christus-/Buddha-/Gottesbewusstsein heraus zu leben. Sie sind die Früchte des Geistes. Die 33 Todsünden manifestieren sich als Resultat aus dem negativen Ego mit seinem angstbegründeten, trennenden Denken heraus zu leben.

Wir alle sind ein Rebstock oder ein Baum des Lebens Gottes. Wir sind inkarniert, um Meister zu werden, um Gott, dem spirituellen Christus-/Buddha-/Gottesbewusstsein, der bedingungslosen Liebe und allen empfindungsfähigen Wesen zu dienen. Wenn die Zweige des Rebstocks oder vom Baum des Lebens, die wir sind, keine Früchte bringen, dann müssen sie gestutzt und ausgeputzt werden, denn der Zweck deines Kommens ist nicht erfüllt worden. Das Ideal ist, durch Gnade und nicht durch Karma zu lernen. Wir verpflichten uns unserem spirituellen Weg und lernen durch den einfachen Weg, anstatt durch die Schule der harten Schläge. Gott tut uns dies in Wirklichkeit nicht an, meist tun wir es uns selbst an, durch das Gesetz von Ursache und Wirkung. Denn das Leben ist nicht mehr als ein Prozess der „Begegnung mit sich selbst".

Wir treffen all die Energien, die wir in vergangenen Leben und im derzeitigen Leben durch unser Denken, Fühlen, Sprechen, Handeln und unsere Taten in Bewegung gesetzt haben. Auf eine mystische Art und Weise werden unsere Gedanken, Gefühle, Energien, unser Sprechen und unsere Taten in die physische Erfahrung übersetzt. Denn wir alle verursachen unsere eigene Realität. Deshalb gibt es im Universum keine Zufälle. Alles geschieht aus einem bestimmten Grund. So etwas wie Glück gibt es nicht. Alles, was in unserem Leben erscheint, erfolgt als ein Resultat dieses Gesetzes von Ursache und Wirkung oder unserer Entscheidung. Wie der Universelle Geist durch Edgar Cayce sagte: „Jeder Buchstabe und jeder Titel des Gesetzes muss erfüllt werden."

Die angebrachte Einstellung und Perspektive gegenüber allem, was im Leben geschieht, ist: „Nicht mein, sondern dein Wille soll geschehen, oh Herr; danke für die Lektionen." Oder wie Sai Baba sagte: „ Willkommen, Elend." Wie Lord Buddha sagte: „Segne alles, was im Leben passiert." Das Christusbewusstsein segnet und das negative Ego verflucht und wird enttäuscht, unglücklich, verärgert und traurig.

Und so ist das Stutzen Gottes und der Weg unseres Überbewusstseins, unseren Charakter in einen makellosen Charakter und einen funkelnden Diamanten zu formen, zu einem Christus, einem Buddha, einem Ewigen Selbst, einem Atma, einer mächtigen ICH BIN - Gegenwart, einem Gott. Wenn der Zweig des Rebstocks oder vom Baum des Lebens keine Früchte trägt, dann benötigt er entweder

Stutzung oder muss ausgeputzt werden, denn er trägt keine spirituellen Christus-/Buddha-/Gottes-Früchte, was jedoch sein Zweck wäre.

Nun ist es wichtig zu verstehen, dass unser Höheres Selbst oder das Überbewusstsein gelegentlich für eine inkarnierte Seele, die sich in unangebrachten Mustern verstrickt, Lektionen errichten wird. Dies ist ebenfalls ein Akt der Stutzung. Wir können uns also bewusst selbst stutzen, indem wir Anpassungen vornehmen und jeden Tag in unserem Bewusstsein Korrekturen durchführen. Daher sagte Sai Baba, dass 70 % des spirituellen Weges Selbsterkundung oder der Prozess der Bewusstseinsentwicklung ist. Wenn wir dies aber nicht in der Erfahrung tun, unserem Selbst und dem Gesetz von Ursache und Wirkung zu begegnen, dann könnte unser Höheres Selbst und unser Überbewusstsein uns ebenfalls ein wenig „stutzen", was ein Akt der „strengeren Liebe" ist, von der wir alle wissen, dass sie manchmal von großem Wert ist, wenn ein Kind oder ein spirituelles Erwachsenenkind seine Lektionen nicht lernt und seine spirituellen Prüfungen nicht besteht.

Das Stutzen kann sowohl bewusst vom Selbst oder vom Gesetz von Ursache und Wirkung als auch vom Höheren Selbst und/oder vom Überbewusstsein oder von Gott aus geschehen. Wir können uns auch an den Heiligen Geist, die Aufgestiegenen Meister der inneren Ebene, die Erzengel und Engel wenden, dass sie uns beim Reinigen der angstbegründeten Programme, des Karmas, der Restebeseitigung unausgeglichener Energien usw. beim „Stutzen" helfen.

Das Wichtigste ist also, das Stutzen und Ausputzen zu begrüßen, denn wenn dies nicht geschehen würde, würden wir auf die falsche Fährte geraten und, wie es in den östlichen Religionen heißt, unser Dharma nicht leben, und wir würden nicht wieder auf unseren Weg zur Selbst- und Gotteserkenntnis finden. Es ist das Stutzen und Ausputzen, die spirituellen Prüfungen und Lektionen, die uns helfen, zu „integrierten spirituellen Meistern" und zu „integrierten Aufgestiegenen Meistern" zu werden. Wir danken Gott für das Stutzen, das Ausputzen, die spirituellen Prüfungen und Lektionen. Aus all den spirituellen Prüfungen und Lektionen, die wir bewältigen, gewinnen wir die Kraft, die Liebe und die Weisheit dieser spirituellen Aufgabe und Lektion.

Es sollte zudem beachtet werden, dass man sich nicht an die „Frucht seines Dienstes" haften sollte. Man sollte Dienen und die Früchte seines Dienstes Gott überlassen. Ein Beispiel dafür könnte die Bedeutung dessen sein, sein Licht und seine Liebe wie eine strahlende Sonne auf jeden scheinen zu lassen, den man trifft. Trachte nicht nach einer Gegenleistung und höre nicht auf zu dienen. Betrachte das Leben von Jesus. Alles, was er tat, war die Menschen zu lieben und zu heilen, doch die Mehrheit der Menschen wollten ihn töten und kreuzigen. Und doch ließ er sein Licht und seine Liebe strahlen, selbst bis zum Schluss, als er sagte: „*Vergib ihnen, Vater, denn sie wissen nicht, was sie tun.*" Nicht an die Früchte seiner Dienste verhaftet zu sein, ist das, was Krishna (Lord Maitreya im vergangenen Leben) zu Arjuna in der *Bhagavad Gita* sagte.

Es ist zudem wichtig, hinsichtlich der Handlungen des Fleisches zu verstehen, dass es sich nicht um den Körper oder das Fleisch handelt, das schlecht ist. Denn der Körper ist göttlich und wurde und wird von Gott erschaffen. Das Problem liegt in der übermäßigen Identifizierung mit dem Körper und der Materie. Der spirituelle Weg ist der Weg der Integration und Balance. Mit anderen Worten, die Idee ist die, in dieser Welt zu leben, aber nicht von ihr zu sein. Die Idee ist, im „involvierten Loslassen" zu leben. Die Idee ist, deinen Kopf in den Wolken und deine Füße fest auf dem Boden zu haben. Dies ist wichtig, denn in Wahrheit kannst du das Beste aus beiden Welten haben, aus Himmel und Erde. Es ist entscheidend, das Erdenleben zu genießen, denn das materielle Universum ist eines der vier Antlitze Gottes. Gott muss spirituell, mental, emotional und materiell realisiert werden. Man kann immer noch Essen, Tanzen, die Sexualität, Natur, die fünf Sinne und das Erdenleben genießen, solange man mit diesen Dingen nicht überidentifiziert ist und sie im Kontext seines spirituellen Weges nutzt.

Die 33 himmlischen Tugenden sind die Frucht des himmlischen Weinstocks und des kosmischen Baum des Lebens und werden vom Wasser des Lebens und dem Blut von Christus und den Aufgestiegenen Meistern genährt. Die 33 Todsünden werden vom Baum von Gut und Böse genährt. Sie sind das Resultat vom Essen der „verbotenen Frucht", die zur Vertreibung aus dem Garten Eden führte. Die Bibel ist die Geschichte des „Falls" von Adam und Eva oder Jesus und Maria und der gesamten Adamischen Rasse, und der Prozess, wie Adam und Eva und Jesus und Maria und die gesamte Adamische Rasse auf allen fünf Kontinenten aus sich selbst heraus „auferstehen" können. Jesus und die Aufgestiegenen Meister haben durch alle Religionen und spirituellen Wege gezeigt, wie dies geschehen kann und wie dies geschehen ist. In der momentanen New Age – Bewegung wird dies der Weg des Aufstiegs und der Einweihung oder der Weg des integrierten Aufstiegs genannt, denn es muss auf integrierte Weise geschehen, ansonsten ist es nicht möglich.

Was Jesus in seinem Leben durchmachte, hätte nicht geschehen müssen, denn alles was die Menschen an ihm nicht mochten, war nicht auf sein persönliches Karma zurückzuführen, sondern auf die niedrige Ebene des Bewusstseins der Menschen auf Erden, die nicht die *Augen hatten, zu sehen und die Ohren, zu hören.* Und doch entschied er sich dafür, hier hindurch zu gehen als ein Akt des Dienens, um ein Beispiel zu geben und das Gesetz der Propheten zu erfüllen, denn er war ein jüdischer Rabbi. Wie du sehen kannst akzeptierte er sein Stutzen anstatt es zu bekämpfen. Der Universelle Geist sagte im Buch des Lebens und in der Akasha-Chronik, dass Jesus selbst auf dem Kreuzweg lachte. Denn sein Königreich war nicht von dieser Welt und er sah die wahre spirituelle Natur der Dinge. Er wusste, dass er nicht sein physischer Körper war und dass Gott ihn in drei Tagen auferstehen lassen würde und Gott tat dies auch.

Als Jesus am Ende seiner Kreuzigung sagte: *„Es ist vollbracht"*, bedeutete dies mehr als nur sein Leben als Jesus, in diesem physischen Körper, im Sinne dessen, was er zu demonstrieren hatte. Er zeigte auch aus einem umfangreichen breit gefächerten Bewusstsein die Tatsache auf, dass im richtigen Erfüllen seiner spirituellen Aufgaben und Lektionen, er seine Reise des Amilius und Adam, die beide im Bewusstsein fielen, und all seine ungefähr 33 vergangenen Lebensreisen vollendete, um vom „gefallenen Adam" zum „auferstandenen Christus" zu werden. Und so beendete er nicht nur seine spirituelle Lebensmission als Jesus, sondern er meisterte auch seine gesamte Evolutionsreise seiner 33 vergangenen Leben vom „Fall des Amilius und Adam" bis hin zum „auferstandenen Christus". Und dies hat Jesus „wahrhaftig vollbracht."

Alle Seelen der Welt werden an diesen Punkt gelangen, denn es ist der Zweck dieses Buches, allen Seelen dabei zu helfen, dies so schnell wie möglich zu erreichen.

So steht es geschrieben! So soll es geschehen!

Lektion 6

Sananda Metaphorik – 6

„Ich bin das Licht der Welt..." Johannes 8:12

„Ich bin das Licht der Welt. Wer mir nachfolgt, der wird nicht wandeln in Finsternis, sondern wird das Licht des Lebens haben." Johannes 8:12

DER SUCHENDE:

Häufig kann man in dieser modernen Generation auf Verwirrung stoßen. Spirituelle Menschen sagen, geh hier hin, geh da hin, oder tu dies, tu das oder glaube an dies, glaube an das. Oft werden Suchende, die dieses Licht des Lebens nicht haben, leicht betrogen und zum Opfer jeglicher neuen Dinge, die sie hören oder sehen. Ein solcher Suchender ist dem Licht gegenüber blind. Doch Meister Jesus/Sananda ist das Licht des Lebens. Daher bat ich Jesus bei meiner Seelenreise, mir die Bedeutung dieser Worte zu erklären. Ich sah ein brillantes Licht, das unendlich erschien. Es war zudem schwingungsreich und durchdringend. Eine Stimme war zu hören. Es war der Meister.

SANANDA:

"Manchmal siehst du ein Licht. Du kannst selbst viele Lichter sehen. Doch dies bin nicht ich. Ich bin das Licht des Lebens. Hast du dir überlegt, was dies bedeutet? Es ist mit Sicherheit kein vorübergehendes Licht oder ein Licht nur für wenige Menschen. Es ist kein Licht, das du nun siehst und im nächsten

Moment ist es verschwunden. Oh nein. Mein Licht ist das Licht des Lebens, ein Ewiges Licht, dauerhaft. Wie ich bereits erwähnte, gibt es viele falsche Lichter. Aber solche Lichter werden bald in der Finsternis verschwinden. Und dann verwirren dich viele falsche Lehrer erneut. Ich bin der Weltenlehrer. Ein Weltenlehrer gehört der ganzen Welt und wird dich niemals in Verzweiflung lassen. Du wirst für immer in einem solchen Licht leben.

Mit einem solchen Licht wirst du für dich selbst sehen. Denn du wirst Weisheit erhalten und zudem noch Erkenntnis, wahre Erleuchtung, Vision und Weitsicht. Es gibt Spuren dieses Lichts, die Frieden, Freude und Liebe sind. Du wirst Ausgeglichenheit und Harmonie spüren. Deiner Seele wird es gut gehen. Du wirst wissen, nicht nur aus deiner Erinnerungsdatei heraus, die sich entfalten wird, sondern als Seele wirst du erleuchtet sein und keine Fragen mehr haben. Es ist ein Zustand der Glückseligkeit und nicht glückselige Ignoranz. Verstehst du den Unterschied?

Ich bin gekommen, um einer dunklen Welt das Licht zu bringen. Du wirst auch das Licht empfangen. Dieses Licht ist nicht dazu gedacht, im Verborgenen zu bleiben, sondern um erhoben zu werden, damit die ganze Welt sieht. Wenn du meinen Fußspuren folgst, dann geh den ganzen Weg und dreh dich nicht um. Geh ohne jegliches Bedauern, ohne erbärmliche Sehnsüchte, denn vor dir ist das Ewige Licht, das auf deine Umarmung wartet. Wie es in der Akasha-Chronik geschrieben steht: „Viele sind gerufen, aber nur wenige sind auserwählt." Hast du dir Gedanken darüber gemacht, wofür sie erwählt wurden? Ja, du bist gerufen, in diesem Licht zu wandeln. Doch es ist eine Entscheidung, die du frei treffen kannst oder auch nicht."

Aus dem Koran: 17 Sure; Vers 72

„Wer aber blind ist in dieser Welt, der wird auch im Jenseits blind sein und noch weiter vom Weg abirren."

In dieser Lektion enthüllt Sananda/Jesus eine Anzahl großartiger Wahrheiten. Die erste ist: *„Ich bin das Licht der Welt."* Was bedeutet das? Natürlich bedeutet es, dass Jesus das Licht der Welt war, denn er war der großartige spirituelle Lehrer der Lehrer, der in der zweiten Seelenwelle nach Atlantis kam und dann der erste Adam wurde. Er blieb für weitere 33 Inkarnationen das Licht der Welt und schrieb das meiste des Alten Testaments und das gesamte Neue Testament handelt von ihm. In seinem Leben als Jesus wurde er der Christus. Dies ist die offensichtliche und entscheidende Bedeutung, aber es gibt hierzu noch mehr zu sagen.

Wie Jesus in einer Lektion in *Ein Kurs in Wundern* sagte: „Jeder von uns ist ebenfalls das Licht der Welt." Denn im himmlischen Ideal ist jeder von uns bereits der Christus. Dies ist unsere wahre Identität. Denn Gott hat nur einen Sohn und wir sind alle Teil der Sohnschaft oder, wenn du es bevorzugst, Tochterschaft.

Dies könnte aber auch für einige eine Falle sein, denn obwohl das, was ich gerade gesagt habe, vollkommen wahr ist, hat noch nicht jeder den Christus realisiert. Jeder ist der Christus im idealen Sinne, aber es ist Gottes Zweck und Plan, dass sich alle Seelen nicht nur im himmlischen Ideal befinden, sondern dies auch „realisieren". Und wie realisiert man es? Es geschieht durch den Prozess der Einweihung und des Aufstiegs. Es ist in der Esoterik bekannt, dass es 352 Ebenen der Einweihung gibt, die vollständig gemeistert, integriert und demonstriert werden müssen, um Gott zu realisieren. Es gibt sieben kosmische Dimensionen, die durchquert werden müssen. Die höchste Ebene, die gegenwärtig auf diesem Planeten erlangt wurde, ist die 23. Stufe der Einweihung. Sogar der Meister der höchsten Ebene dieses Planeten muss noch 330 Einweihungen durchlaufen. Jede Einweihung ist eine Ebene des Aufstiegs. Wenn man dann ein planetarer Christus wird, muss man als nächstes ein solarer, dann ein galaktischer, ein universeller und schließlich ein kosmischer Christus werden. Wie wir alle wissen ist es das, woran die Aufgestiegenen Meister arbeiten. Sie befinden sich in dem gleichen Prozess wie wir, nur dass sie auf einer höheren Oktave oder Dimension sind. Die ganze Schöpfung befindet sich in diesem Prozess. Dies ist der Traum, den Jakob in der Bibel über die „Himmelsleiter" bezüglich der Seelen, die aufstiegen und abstiegen, hatte.

Jede Seele auf Erden, ob sie es erkennt oder nicht, geht durch diesen Einweihungs- und Aufstiegsprozess.

Und so siehst du jeden Menschen auf der Erde im „himmlischen Ideal", welches der Christus, Buddha, das Ewige Selbst oder Gott ist, bereits als das „Licht der Welt". Vom tatsächlichen Gesichtspunkt aus gesehen ist jeder Mensch eine sich entwickelnde Seele. Die Seele ist auch ein Aspekt Gottes, nur nicht so weit fortgeschritten wie der Geist. Da jeder Mensch eine unsterbliche Seele besitzt, ist jeder Mensch auch ein „großartiges Licht". Dies kann auf diese Weise gesehen werden. Wenn du dann so wie Jesus ein Christus wirst, bist du eine 1000-Watt-Glühbirne. Die meisten Seelen auf Erden sind aber nur 25-Watt-Glühbirnen, einige 50 Watt, einige 100 Watt, einige 200 Watt, einige 250 Watt und so weiter. Jede Einweihung, die du durchläufst, erhöht dein Licht. Denn Einweihungen sind numerische Anzeigen für die Menge an Licht, die du in deinem Energiefeld und in deiner Aura hast. Jeder auf der Welt ist das „Licht der Welt", im Sinne des himmlischen Ideals und im Sinne der sich entwickelnden Seele. Eines der Hauptziele des Lebens ist, deinen Lichtquotienten und deinen Liebesquotienten und deinen Kraftquotienten aufzubauen, welches die drei Hauptzutaten sind, die dein Licht ausmachen. Wenn wir dies nun weiter zerlegen, dann können wir sehen, dass dein Licht aus sieben Lichtern oder sieben Strahlen besteht. Auf der planetaren Ebene sind diese Rot, Blau, Gelb, Grün, Orange, Indigo und Violett, wie auch die sieben Chakren Rot, Orange, Gelb, Grün, Blau, Indigo und Violett sind. Dies sind die Farben der sieben Strahlen und die Farben des Spektrums, die dein Licht ausmachen. *blau, indigo, violett*

Und so ist jeder von uns das Licht der Welt im Sinne des himmlischen Ideals, im Sinne der sich entwickelnden Seele und im Sinne des Spektrums der sieben Ebenen, denn wir nutzen das Licht nicht nur als weißes Licht, das alle Farben der Strahlen und Chakren beinhaltet, sondern wir lassen unser Licht durch jedes der sieben Chakren und jedes der sieben Strahlen für einen bestimmten Dienst erstrahlen, der in einem bestimmten Augenblick benötigt wird. Wir tun dies auch dann, wenn wir nicht direkt mit Licht arbeiten, denn jeder Gedanke, jedes Bild, jedes Gefühl, jede Emotion, jede Energie, jedes Wort und jede Handlung strahlt eine bestimmte Lichtfrequenz aus.

Wenn also Sananda/Jesus sagt: *„Ich bin das Licht der Welt"*, beginnen wir, diese Bedeutung des breit gefächerten Bewusstseins zu sehen. *I am the sun*

Im Neuen Testament erwähnt Jesus das Gleichnis der Bedeutung dessen, deine Lampe nicht unter den Scheffel zu stellen, sondern sie und dein Licht leuchten zu lassen. Es ist der Zweck jeder Seele, eine strahlende spirituelle Sonne zu sein und sein Licht und seine Liebe auf alle, die sie trifft, ungeachtet der Erwiderung, scheinen zu lassen. Dies ist die Natur des Christus, des Buddha, des Ewigen Selbst, der mächtigen ICH BIN - Gegenwart und Gottes. Das Licht kann auch als Weisheit gesehen werden. Wenn wir an Weisheit dazu gewinnen, gewinnen wir auch an Licht. Wenn wir den Christus durch jegliche Religion oder spirituellen Weg realisieren, werden wir „erleuchtet" werden. Es ist kein Zufall, dass dieses Wort benutzt wird.

Diejenigen, die einen spirituellen Weg und die Aufgestiegenen Meister annehmen, werden „überstrahlt" von der Geistigen Welt, den Aufgestiegenen Meistern, Erzengeln und Engeln, Elohim und christusbewussten Außerirdischen.

Wenn wir uns entwickeln, verschmelzen wir mit immer höheren Ebenen des Lichts. Die Seele verschmilzt mit dem Geist oder der Monade in alchimistischer Ehe. Dies ist das kleine Licht, das mit dem größeren Licht verschmilzt, wie der Aufgestiegene Meister Djwhal Khul sagte.

Und so ist jeder ein Licht und wir werden vom Licht geführt, mit dem Zweck, schließlich auf der höchstmöglichen Ebene mit Gott, der das Licht aller Lichter ist, zu verschmelzen. Die Schöpfung kann als das eine Licht gesehen werden, das in unzählige Lichter, die alle einen freien Willen haben, aufgespalten ist. In Wahrheit gibt es nur „ein Licht", so wie es nur „einen Aufstieg" gibt. Es gibt nicht viele getrennte Aufstiege, sondern es gibt nur einen Gottesaufstieg, denn jeder von uns ist eine Inkarnation Gottes und eine Inkarnation des Lichts.

Gott ist nun ein Wesen, das Licht kennt und Licht ist, aber das keine Finsternis als Referenzpunkt braucht, um sich selbst zu erkennen. Dies ist wichtig zu verstehen, denn es gibt eine astronomisch hohe Zahl verwirrter Seelen auf Erden, die das Licht mit der Finsternis auszugleichen versuchen. Dies ist der Mangel, der versucht, negatives Ego und spirituelles Christus-/Buddha-/Gottesbewusstsein auszugleichen. Es ist, als ob man versucht, Liebe und Angst in seinem Leben auszugleichen oder Trennung und Einssein oder das Neue Jerusalem und Babylon. Kannst du erkennen, wie absurd dies ist? Und doch würde ich es wagen anzunehmen, dass die Hälfte der Lichtarbeiter der New Age Bewegung an dieser absurden Philosophie in irgendeiner

Form festhalten. Der Grund, warum sie verwirrt sind, ist, weil sie denken, es müsste ausgeglichen werden. Das Yin und Yang auszubalancieren, um das Tao zu erhalten, ist richtig. Die eine Sache, die du aber nicht anstreben solltest, ist das Ausbalancieren Gottes mit dem Ego, das Ausbalancieren der Wahrheit mit der Illusion und das Ausbalancieren des spirituellen Denkens mit dem negativen Ego mit seinem angstbegründeten, trennenden Denken. Daher sagte Sai Baba, die Definition Gottes sei „Gott ist Mensch minus Ego" und nicht Gott ausbalanciert mit dem negativen Ego.

Wir sind hier, um das Licht zu werden, nicht die Dunkelheit. Ich spreche hier nicht vom äußeren Licht, sondern vom inneren Licht. Deshalb wird berichtet, dass, wenn Menschen sterben, sie „das Licht sehen". Daher wird diese Aussage auch gemacht, wenn du einen spirituellen Durchbruch und eine spirituelle Erkenntnis hast: „Ich sehe das Licht". Der Zweck des Lebens ist, das „Ewige Licht" zu werden, nicht ein Licht, das an das Rad der Wiedergeburt gebunden bleibt. Dies ist der Grund, warum im Zoroastrismus, den Jesus mit begründete, das Feuer und das Symbol des Feuers genutzt wird. Aus der einen großen Flamme können eine Vielzahl kleiner Flammen kommen und doch verschwindet die ursprüngliche Flamme nicht.

Wir erinnern uns auch an das Zitat von Meister Jesus, in dem er sagt: *„Wenn das Auge klar ist, wird der ganze Körper licht sein."* Was bedeutet dieses Zitat? Was bedeutet es, ein Auge, das klar ist, zu haben. Es bedeutet, mit deinem spirituellen Christus-/Buddha-/Gottes-bewusstsein zu denken, denn wenn du dies tust, dann siehst du ohne Trennung, ohne Angst, ohne die Dualität des negativen Ego. Dies führt dazu, dass das sechste Chakra, oder die sechs Siegel, sich öffnen, wovon in der Johannes Offenbarung gesprochen wird, und man sieht durch ein Auge, durch das Dritte Auge. Dies wird auch durch das

Erlernen dessen, wie man mit seinen sieben Augen auf einheitliche und ausgeglichene Weise sieht, erreicht. Das heißt, korrekt mit deinen zwei physischen Augen, zwei psychologischen Augen, zwei spirituellen Augen und mit deinem Dritten Auge in richtiger Einheit und Ausgeglichenheit zu sehen. Erinnere dich daran, dass laut der Ägyptischen Mystik du das linke und das rechte Auge des Horus hast. Wenn man in Einheit und Integration sieht, dann sieht man mit dem einen Auge. Eine andere Erklärung hierfür ist, dass jedes der sieben Chakren als ein Auge gesehen werden kann. Nur wenn die sieben goldenen Leuchter, die sieben Kirchen, die sieben Siegel, die auch die „sieben Lichter" genannt werden, geöffnet und ausgeglichen und integriert sind, kann man mit dem einen Auge sehen. Dies wird alles brillant im Neuen Testament in der Johannes Offenbarung erläutert, der zudem in einem vergangenen Leben der Meister Kuthumi war. Wenn wir lernen, mit dem einen Auge zu sehen, so besagt das Zitat, wird unser gesamter Körper licht sein. Hier ist nicht nur der physische Körper gemeint, sondern alle Körper, physisch, mental, emotional, energetisch und spirituell. Wenn du also von Licht erfüllt sein möchtest und die höchstmögliche Wattzahl deiner Glühbirne erreichen willst, das eine Auge haben möchtest und deine Einweihung erhalten willst, dann öffne deine sieben Siegel und balanciere und integriere deine sieben Lichter.

Ein anderer Aspekt der Steigerung deines Lichts ist das Verankern und Aktivieren deiner Lichtkörper. Wie ich in meinem Buch *Der Integrierte Lichtkörper* erwähnt habe, gibt es 22 Ebenen des Lichtkörpers, die du realistisch anstreben kannst. Jeder Lichtkörper erhöht deinen Lichtquotienten und steigert den Dienst, den du mit deinem Licht leisten kannst.

Dies ermöglicht dir auch, deine abgespalteten Teile des Lichtkörpers zu entwickeln, wodurch du dann an vielen verschiedenen Orten der Erde oder des Universums gleichzeitig wirken kannst. Wir sind also nicht nur *das Licht der Welt*, wir sind ebenso das „*multidimensionale Licht der Welt.*"

Eine andere Bedeutung, ein Licht zu sein, ist, sich selbst als einen funkelnden Diamanten, der etwas verschmutzt ist, zu sehen. Wenn wir uns selbst stutzen und ausputzen, entfernen wir diesen Schmutz, was uns ermöglicht, unser Licht durch diesen Diamanten in alle Richtungen leuchten zu lassen. Wie wir wissen hat ein Diamant viele Facetten. Wenn wir lernen, aus dem spirituellen Christus-/Buddha-/Gottesbewusstsein in integrierter und ausgeglichener Weise, in jeder Hinsicht und in allen Dingen zu leben und aus dem breit gefächerten Bewusstsein heraus zu sehen, dann beginnen alle Facetten des Diamanten, der ein jeder von uns ist, dieses Licht auszustrahlen. Dies ist es, wovon ich zuvor gesprochen habe; zum „integrierten breit gefächerten Christus" zu werden.

Wenn wir dann in allen unseren Körpern fit werden, nicht nur im physischen Körper, und wir jeden Körper optimieren und reinigen und ihn spiritualisieren, dann strömt ein noch stärkeres Licht aus.

Wenn wir unser Bewusstsein und Unterbewusstsein reprogrammieren und lernen, mit unserem Überbewusstsein zu denken und von der Überseele, der mächtigen ICH BIN - Gegenwart, dem Heiligen Geist, Christus, Gott, den Aufgestiegenen Meistern, Erzengeln und Engeln, Elohim-Meister und christusbewussten Außerirdischen geleitet zu werden, dann verströmt unser Geist auch dieses Licht.

Wir reinigen unser Selbst von allen negativen Gedanken, Gefühlen und Emotionen, Energien, Worten, unangebrachten Handlungen, Kernängsten, Restängsten, Karma, genetischen Unausgeglichenheiten, schlechten Angewohnheiten, Süchten, Giften und Abfällen auf allen Ebenen und ermöglichen uns, selbst noch mehr Licht in uns aufzunehmen.

Dann verschmilzt die Seele mit dem Geist und der Geist verschmilzt mit Gott auf immer höheren Ebenen und wir nehmen immer stärkeres Licht in uns auf.

Das Wichtigste ist, dein Licht in deinem physischen Körper auf Erden zu verkörpern und es den Menschen zu geben. Denn, wenn du dein Licht gibst, kannst du es halten, dies ist das große Gesetz des Lebens.

Jeder Mensch kann als spirituelle Lampe gesehen werden. Unsere wahre Identität ist die Glühbirne, aber wir tragen alle einen Lampenschirm, der unser physischer Körper ist. Die meisten Menschen auf der Erde denken, dass sie der Lampenschirm statt das Licht sind. Der Zweck des Lebens ist, die Wattzahl deiner Glühbirne, die du bist, zu steigern und dein Bewusstsein zu erhöhen und zu entwickeln. Dies ist der Schlüssel dazu, das Licht zu sein und zu bleiben und sich dann bald, so wie die Beispiele des Meister Jesus und aller Aufgestiegenen Meister und Propheten der anderen Religionen zeigen, vollständig mit der Glühbirne zu identifizieren, sie maßvoll einzusetzen und anzugleichen, wie Lord Buddha dies demonstrierte, um dann sich selbst und andere nur noch als Licht zu sehen. Ihr Licht wurde so stark, ausgeglichen und klar, dass andere Menschen sie als das Licht und nicht den Lampenschirm sahen. Sie wurden im höchsten Sinne „ein Licht der Welt", „ein Licht unter Lichtern" „ein Meister der Meister", „ein spiritueller Lehrer der spirituellen Lehrer."

Nun ist es wichtig zu sagen, dass, obwohl sie selbst so vollständig zum Licht wurden, sie stets ihre spirituelle Unterscheidungskraft beibehalten haben, um in der Lage zu sein, nicht nur die Licht- oder Essenzebene zu sehen, sondern auch die Form- und die Lampenschirmebene. Denn ein wahrer integrierter spiritueller Meister ist fähig, beide Welten gleichzeitig zu sehen. Folglich kann er effektiv in beiden Welten simultan wirken. Dies zu beachten ist sehr wichtig, andernfalls kann man aus der Balance kommen und in der realen Welt nicht mehr funktionieren. Der Zweck des Lebens ist, den Himmel auf die Erde zu bringen, Gott auf Erden zu verkörpern und daher ist es entscheidend, vollständig zum Licht zu werden, jedoch auch in der Lage zu sein, auf der Ebene der Formen zu funktionieren und sie gleichzeitig zu sehen.

Nun, meine Freunde, werde ich euch eines der großen esoterischen Geheimnisse enthüllen, wie man ein exzellenter Autor und Schriftsteller wird. Zuallererst und das steht absolut im Vordergrund - werde das Licht. Zweitens, lerne das Licht zu channeln. Drittens, studiere und erforsche konstant das Licht. Dies ist das große esoterische Geheimnis, wie man ein Autor und Schriftsteller des breit gefächerten Bewusstseins wird. Viele channeln das Licht, viele schreiben von ihrer eigenen Lichtmeisterschaft und andere wiederum schreiben von ihrer Erforschung. Dies sind alles gute Schritte in die richtige Richtung. Wenn du aber ein Schriftsteller, Autor und Meister des integrierten breit gefächerten Bewusstseins werden willst, dann versuche diese Methode. Denn es gibt nur einige wenige auf Erden, die diese große esoterische Fähigkeit gemeistert haben, denn, wenn du dies tust, wird das Licht durch dein Schreiben auf allen Seiten und durch alle Filter hindurchströmen.

Nun, da wir zum Ende der Lektion kommen, möchte ich über die Wichtigkeit sprechen, spirituell alle „falschen Lichter" zu erkennen, denn es gibt Milliarden von ihnen. Sie kommen in vielen Formen. Einige sind „Wölfe in Schafspelzen". Einige sind wie die übertünchten Gräber, die von außen hübsch aussehen, aber innen sind sie voller Totengebeine und lauter Unrat. Einige sind Kultführer. Einige sind falsche Propheten. Einige sind falsche Lehrer. Einige sind einfach nur sehr gespalten und fragmentiert. Einige befinden sich auf massiven Egotrips. Einige behaupten, die Verkörperung von Aufgestiegenen Meistern und Erzengeln zu sein. Einige geben sich selbst schöne Namen wie Baba, Swami, Avatar, Heiliger oder einen hübschen Namen von einem der Meister der inneren Ebene. Vergiss niemals, dass ein schöner Name keinen Meister ausmacht. Einige behaupten, sie verankern 5000 Chakren und zwei Milliarden Lichtkörper. Andere behaupten, die ganze Welt mit ihren Workshops retten zu können.

Das Kennzeichen dieser „falschen Meister" ist, dass sie den Unterschied zwischen spirituellem Denken und negativem Ego-Denken nicht verstehen. Sie sind zersplittert und gespalten. Sie befinden sich auf einem Egotrip. Sie suchen in Wahrheit Macht, Ruhm, Geld, Sex, Eitelkeit, Selbstvergötterung, Aufmerksamkeit und Kontrolle über andere. Lass dich nicht betrügen durch ihre falsche spirituelle Sprache oder ihre falsche spirituelle Weisheit und ihr Wissen. Vergiss nicht, dass der Anti-Christ zuerst als spiritueller Lehrer kommt. Religionen und die New Age - Bewegung sind voll von ihnen. Es gibt Dutzende davon. Dies ist der Grund, warum es nur acht wahre „integrierte spirituelle Meister" auf Erden gibt, obwohl es wahrscheinlich 80 Millionen gibt, die behaupten, welche zu sein. Dies ist auch der Grund, warum der Geist des negativen Ego seinen neuesten plötzlichen Angriff auf die Religion und die New Age - Bewegung richtet.

Und so beende ich diese Lektion mit den unsterblichen Worten des Meister Jesus aus *Ein Kurs in Wundern,* in dem er sagt: „Sei wachsam für Gott und sein Königreich." Denn wenn du dein Leben so lebst, wie es in diesem Kapitel beschrieben wurde, wirst du nicht nur *„das Licht der Welt"* werden, sondern *„das Licht allen Lebens und das Leben selbst".*

Ich beschließe diese Lektion mit den Worten von Jesus:
„Wer mir nachfolgt, der wird nicht wandeln in der Finsternis, sondern wird das Licht des Lebens haben." „Glaubt an das Licht, solange ihr's habt, damit ihr Kinder des Lichtes werdet." „Verberge deine guten Qualitäten nicht, sondern lass sie wie eine Kerze ein dunkles Haus erhellen. Wenn eine Lampe entzündet ist, wird sie nicht unter einen Scheffel gestellt, sondern dort, wo sie das ganze Zimmer erhellen kann."

So steht es geschrieben! So soll es geschehen!

Lektion 7

Sananda Metaphorik – 7

„Ich bin der gute Hirte..." Johannes 10:11

„Ich bin der gute Hirte. Der gute Hirte lässt sein Leben für seine Schafe."
Johannes 10:11

DER SUCHENDE:

Diese Worte klangen für meine Ohren merkwürdig und ich suchte Sananda auf und bat ihn um eine Erklärung. Ich konnte mir das Bild des Hirten nicht vorstellen. Vielleicht würde es dem Landvolk normal erscheinen, jedoch nicht einem Suchenden aus der Stadt. Folglich hatte ich auf meiner Seelenreise zu Meister Jesus/Sananda die tiefe Sehnsucht danach, eine bessere Erklärung dafür zu finden. Als ein Suchender dieser Generation sollte dies stärker verdeutlicht werden. Und so erschien mir der Meister, gekleidet in Hirtenkleidung, und sprach die folgenden Worte:

SANANDA:

"Ja, ich bin der gute Hirte. Ich bin nicht nur irgendein Hirte, sondern der Hirte Gottes. Ich bin in der Tat gut. Gott ist gut. Gott ist die Güte selbst. Ich bin Gott. Ich bin Liebe. Ich gebe mein Leben für meine Schafe. Es gibt nichts

Größeres als dies. Ich liebe meine Schafe. Ich sorge mich um meine Schafe. Ich passe auf meine Schafe als meine eigenen auf.

Weißt du, dass ich selbst 99 Schafe verlassen würde, um nach einem verlorenen Schaf zu suchen?

Meine Verbindung und mein Kontakt mit ihnen ist sehr persönlich. Heute gibt es in der modernen Welt viel „Unpersönlichkeit". Beziehungen sind auf armseligen Fundamenten gebaut. Manchmal ist ein Nachfolger oder ein Schüler einfach nur eines von vielen Gesichtern, die du in einer Menschenmenge oder auf der Straße siehst.

Doch ich kenne meine Schafe und meine Schafe kennen mich. Ich habe meine Liebe an meine Schafe bereits unter Beweis gestellt, indem ich mein Leben gegeben habe. Frei habe ich es gegeben, um meine Liebe zu zeigen. Wurde irgendjemand gut bezeichnet? Gab es einen anderen Führer, Lehrer oder Meister, der sein Leben gegeben hat? Der sein Blut vergossen hat? Sich selbst für seine Schafe ausgeliefert hat? Für seine Schüler? Für seine Nachfolger? Aus freien Stücken? Und das aus Liebe?

Insbesondere in dieser Zeit wirst du nicht davon hören. Aber wie sonst kann man eine solche Aufrichtigkeit beweisen? Der Mensch ist von Natur aus egoistisch, erfüllt vom negativen Ego. Wo ist das Gute in ihm?

Ich lehre dich durch mein Beispiel, so dass, was immer ich tue, auch du für andere tun kannst. Ich kenne meine Nachfolger durch ihre Frucht der Liebe. Es gibt keinen anderen Weg. Es gibt nichts anderes, das so erfreulich ist wie dies.

ICH BIN das ICH BIN.
ICH BIN...

Was immer ICH BIN, das kannst auch du sein. Du, der du in meinem Bild und mir gleich bist. Glaube an das, wofür ich stehe. Folge meinem Bild. Imitiere meine Wege... Ich bin der gute Hirte."

Aus dem Koran: 4 Sure; Vers 79

„Was dich an Gutem trifft, kommt von Allah und was dich an Schlimmem trifft, kommt von dir selbst."

Der geliebte Sananda/Jesus teilt hier mit uns eine der wichtigsten Symbole und Geschichten der Bibel. Der Ausdruck *„guter Hirte"* hat in Wahrheit viele Bedeutungen. Auf innerer Ebene ist ein Hirte jemand, der „seine eigenen Gedanken lenkt". Dies ist eine der Hauptvoraussetzungen dafür, ein Christus zu werden. Denn wie der Universelle Geist durch Edgar Cayce sagte: „Es ist der Geist, der zum Christus führt."

Zweitens, Gott ist „unser Hirte", so wie wir die Hirten für unsere Schafe sind (inkarnierte Seelen auf Erden und/oder unsere Brüder und Schwestern im spirituellen Christus-/Buddha-/Gottesbewusstsein), so ist Gott der Hirte, der als der Himmlische Vater über uns wacht.

Denn sagte Jesus nicht: *„Füttere meine Schafe"*? Und der Meister sagte zudem: *„Wir sind unseres Bruders Wächter"*.

Spirituell betrachtet gibt es, wenn Meister Jesus sagt, *„Ich lasse mein Leben für meine Schafe"*, zwei Bedeutungen. Die erste ist, dem Christusmuster, welches Jesus setzte, zu folgen, denn erinnere dich - Jesus war der Mensch und Christus das Muster -, wie es der

Universelle Geist sagte. Die erste Bedeutung dessen, sein Leben zu geben, ist, sein Leben dem Dienst an die Brüder und Schwestern zu geben. Dies wurde so wunderschön durch das Beispiel von allen Aufgestiegenen Meistern erläutert, sowie bei Lord Buddha, Krishna (im vergangenen Leben Lord Maitreya), Quan Yin in ihrem Gelübde des Bodhisattva, Djwhal Khul in seinem unaufhörlichen Dienst für die Welt, Metatron und so weiter.

Die zweite Bedeutung dessen, sein Leben zu geben, ist das tatsächliche physische Aufgeben seines Lebens. Jesus war natürlich das höchste Beispiel, als er in einem so jungen Alter für den christusbewussten Zweck, den er durch sein Beispiel erläuterte, starb. Andere Menschen geben ihr Leben in einer weniger direkten Weise, aber sie arbeiten unaufhörlich zu Gunsten anderer anstatt sich um ihre egoistischen Bedürfnisse zu kümmern.

Und dann gibt es die wundervolle Geschichte, wie der „gute Hirte" nach dem einen, verlorenen Schaf Ausschau hält, obwohl 99 der Schafe in Sicherheit sind. Dies zeigt natürlich den Wert, die Besorgnis und die Hingabe, die ein spirituelles Christus-/Buddha-/Gottes-Wesen gegenüber allen Brüdern und Schwestern aufbringt und keines von ihnen zurücklässt. Wir alle begegnen in unserem Leben verlorenen Schafen. Häufig kümmern sich Menschen, wenn sie berühmt werden oder zu größerer spiritueller Führung gelangen, nicht mehr um die verlorenen Schafe, denn sie können für die ihnen erwiesenen Dienste und für die Hilfe, die sie erhalten, nicht bezahlen und sie nehmen eine Menge an zusätzlicher Zeit und Energie in Anspruch. Sich um diese verlorenen Schafe zu kümmern ist eines der wahren Kennzeichen eines spirituellen Christus-/Buddha-/Gottes-Wesens.

Wir müssen alle danach streben, der *„gute Hirte"* zu sein und uns um die Schafe zu kümmern. Wir müssen ihnen helfen, selbst Hirten zu werden, sowohl in ihren Gedanken, als auch äußerlich, indem sie sich um andere auf die Weise kümmern, dass sie ihre einzigartige, spirituelle Mission und ihren Zweck erfüllen.

Das Schaf ist zudem mit dem Symbol des Lammes verbunden. Wir sind alle dazu bestimmt, das „Lamm Gottes" zu werden. Das Lamm Gottes ist natürlich ein Symbol dafür, der Christus zu werden.

Lektion 8

Sananda Metaphorik – 8

„Ich bin das Brot des Lebens..." Johannes 6:35

„Ich bin das Brot des Lebens. Wer zu mir kommt, den wird nicht hungern, und wer an mich glaubt, den wird nimmermehr dürsten." Johannes 6:35

DER SUCHENDE:

Es gibt Zeiten in dieser trüben Welt, in denen ich zu Füßen des Meisters des Herzens sitzen und still sein möchte. Dies ist ein Ort, an dem man die eintönige Realität von Zeit und Raum verlassen und mit Jesus eins sein kann und wertvolle Momente der Weisheit erfahren kann. Es ist eine Zeit, um über seine großartigen Worte, die freundliche Unterhaltung oder über seine Predigt nachzudenken, Worte, die einen tiefen Eindruck hinterlassen, und um einfach nur zu sein. Das Mysterium, wer er ist, erzeugt einen Kessel voller Fragen. Es ist der Moment der Seelenreise, wenn die Seele aus dem Körper, aus der Zeit und dem Raum entschwindet, dann ist sie in der Realität eines anderen „ICH BIN". In der Entdeckung des mystischen ICH BIN sinnt man weiterhin nach und ist gegenwärtig in einer anderen Art von Präsenz. Wenn man den Meister des Herzens ruft, bezieht man sich auf einen anderen Teil des Seins. Man ist dazu bereit, nichts zu erwarten oder zu verleugnen oder das Mysterium des Seins einzugestehen, sondern einfach zu „sein".

SANANDA: *innere Gewißheit*

"Die Wahrheit lautet ICH BIN. Ich bin das Brot des Lebens. Ich bin hier, damit ihr nicht mehr hungern müsst. Wenn du zu mir kommst, werde ich dich mit dieser Nahrung, mit spiritueller Nahrung, die ewig währt, erfüllen. Was ist diese Nahrung? Es ist das Manna des Himmels. Und welches Manna? Es ist das Geheimnis himmlischen Wissens, himmlischer Weisheit und Bewusstseins. Es ist das Manna der Zeitalter; der Zeitalter, die noch kommen werden und des Zeitalters, in dem du lebst. Ich werde dir diese spirituelle Nahrung geben, die für immer währt.

Wenn du sie aufnimmst, wirst du dir selbst des bewussten Träumens gewahr und erkennst es. Du träumst nicht länger. Du erkennst alle Lehren und wirst dir ihrer bewusst. Aller Wahrheit. Keiner muss dich lehren. Du empfängst gemäß deiner eigenen Offenheit. Dadurch wirst du genährt, bis du erfüllt bist. Du hungerst nicht.

In der menschlichen Welt wird der hungrige Mensch ständig gefüllt, aber zufrieden ist er nie. Er ist wie ein Tier, das jagt. Er wird auf Grund seines menschlichen Hungers zum Opfer jeglicher Sucht. Er kann nicht jenseits dessen, was greifbar, jenseits seiner Gefühle, seines Geschmacks und seiner Begierden sein. Er hungert für immer, es sei denn, er sieht dem Brot des Lebens ins Auge.

Ich bin derjenige, der dem Glaubenden zu trinken gibt. Derjenige, der an mich glaubt, den wird niemals dürsten. Derjenige, der nicht glaubt, wird ewig versuchen, seine trockene Seele zufriedenzustellen. Es ist der Suchende, der in zeitweilig verschiedenen Getränken, die ihn weiter suchen lassen, nach Zufriedenheit sucht. Dies sind die verschmutzten Wasser der falschen Hoffnungen und betrunkenen Träume und nicht die bewussten Träume der Ewigkeit. Solch betrunkene Träume findet man in den Vorstellungen von

Ruhm und Reichtum in Romanen. Oder die betrunkenen Träume von Macht jenseits jeglicher Vorstellung. Lass dich durch keine falschen Hoffnungen und keine eitlen Wünsche erblinden und glauben lassen, du hättest deinen Durst gestillt. Denn dieser Durst wird immer ungestillt bleiben. Er ist voller Arroganz, Eitelkeit und Gleichgültigkeit. In mir wirst du niemals Durst erleiden. Denn ich werde deinen Leib mit Flüssen lebendigen Wassers füllen; die Wasser der Regeneration und Verjüngung. Komm zu mir und erlange die Fülle. Denn in mir wirst du weder hungern noch wird es dich dürsten."

Aus dem Koran: 57. Sure; Vers 3

„Er ist der Erste und er ist der Letzte, der Offenbarte und der Verborgene, und Er ist der Kenner aller Dinge."

Meister Sananda/Jesus bringt hier eine andere absolut schöne und hervorragende Symbolik hervor. Es gibt so viele davon in seinen Lehren. *„Der Mensch lebt nicht vom Brot allein, sondern von einem jeden Wort, das aus dem Mund Gottes geht."* Was hier verstanden werden muss, ist, wenn wir uns betrachten, wie wir genährt werden oder unsere Ernährung aus der Sicht des „breit gefächerten Bewusstseins" anschauen, dann erkennen wir, dass jeder Mensch eine spirituelle, mentale, visionäre, emotionale, energetische, auf das Licht, den Klang und die Worte bezogene, telepathische, intuitive, inspirierende, offenbarende, erscheinungsbedingte, auf Lichtsprachen (Feuerzeichen, Schlüsselcodes, heilige Geometrie) bezogene, physische, soziale und irdische Ernährung hat. Wenn man sich nur darauf konzentriert von physischer und nicht von spiritueller und psychologischer Nahrung genährt zu werden, dann ist man partiell blind. Das, was wirklich das Leben gibt, ist das „Brot des Lebens" und das „Wasser des Lebens", das Manna des Himmels. Dies ist eine solch tiefgründige Form des Brotes, dass es tatsächlich Menschen auf der Erde gibt, die allein von diesem spirituellen Brot des Lebens und dem Wasser des Lebens leben und keine physische Nahrung benötigen, um ihren physischen Körper zu erhalten. Dies ist nichts, was die Geistige Welt, die Meister oder ich allen empfehlen würde, denn es ist nicht sinnvoll für alle, dies zu tun, obwohl es gemeistert werden kann.

Das Essen vom Brot des Lebens und das Trinken vom Wasser des Lebens ist es, was unsere anderen Körper nährt. Es ist genauso wichtig, unsere anderen Körper zu nähren, wie unsere spirituellen Körper. Wir alle haben nicht nur einen physischen Körper, sondern auch einen ätherischen, emotionalen, geistigen und spirituellen Körper. Der spirituelle Körper kann in viele feinere Körper unterteilt werden. Ich selbst habe meine ersten 22 Körper verankert und aktiviert, welche auch die Lichtkörper der höheren Ebene genannt werden. Dies ist Teil des Evolutionsprozesses für alle Seelen.

Ein Mensch kann nun physisch genährt werden, könnte aber beispielsweise buchstäblich emotional verhungern oder nach geistiger Nahrung hungern. Er könnte nach Energie und Licht hungern und/oder nach spiritueller Nahrung. Viele hungern danach. Der Zweck dieses Buches ist, allen Suchenden die „Nahrung des integrierten breit gefächerten Bewusstseins" zu geben. Und dann läuft deine Tasse und dein Teller über. Dies, meine geliebten Leser, ist, was in Wahrheit mit dem Begriff 7-Gänge-Menü (7-Kurs-Menü) oder selbst einem 22-Gänge-Menü (22-Kurs-Menü) gemeint ist. Die meisten Menschen ernähren sich nicht vom richtigen integrierten breit gefächerten Bewusstsein, das sie benötigen, um alle ihre Körper zu ernähren.

Die Menschen geraten aus dem Gleichgewicht und was dann passiert, ist, dass sie sich zu sehr auf die physische Nahrung und nicht ausreichend auf die anderen Formen der Nahrung konzentrieren. Obgleich es auch Menschen gibt, die sich zu sehr auf die geistige Nahrung konzentrieren, die zu intellektuell sind. Einige konzentrieren sich zu sehr auf emotionale Nahrung, wie beispielsweise „Frauen, die zu sehr lieben". Wir alle kennen dieses Syndrom und es wurde auch ein berühmtes Buch mit diesem Titel geschrieben. Wieder andere sind Licht- oder Energiejunkies und konzentrieren sich nicht ausreichend auf die psychologische Nahrung, die sie brauchen. Wir müssen alle lernen, eine ausgewogene Diät zu befolgen und dies ist nichts, was man von einem Ernährungsspezialisten lernen könnte. Die Geistige Welt, die Meister und ich sind integrierte spirituelle Ernährungsspezialisten, welche die Vitamine und Mineralien, die du in allen deinen Körpern brauchst, erforschen.

Dies bringt einen anderen interessanten Aspekt der verschiedenen Formen der Nahrung für deine verschiedenen Körper auf; das Bedürfnis, deine Nahrung spirituell und psychologisch zu verdauen. So, wie viele Menschen physische Magenverstimmung durch Überessen, falsche Essenskombinationen oder falsches Essen bekommen. Das Gleiche trifft auf einer psychologischen und spirituellen Ebene zu. Auf der psychologischen Ebene lesen sie Bücher oder besuchen Workshops, aber sie verarbeiten das, was sie gelernt haben, nicht psychologisch. Es bleibt unverdaut in ihrem Unterbewusstsein sitzen. Mit anderen Worten, nicht integriert, nicht verarbeitet, nicht zusammengefügt, nicht angewandt und nicht genutzt. Wie Meister Jesus zuvor, ich glaube in einem anderen Kapitel, erwähnte; es ist Wissen, nicht Weisheit. Einige Seelen sind Bibliotheken spiritueller Informationen, aber welchen Nutzen hat es, wenn dieses Wissen nicht demonstriert, verkörpert und konsequent in richtiger

Balance aller Körper und im Bewusstsein, Unterbewusstsein und Überbewusstsein genutzt wird? Oder die Menschen gehen durchs Leben und lernen nicht aus ihren Erfahrungen und bekommen ihre Vitamine und Mineralien sozusagen nicht vom Leben. Sie ziehen keine Essenz und keine Weisheit aus ihrem Leben. Oder sie tragen Tonnen psychologischen Abfalls mit sich herum, wie ungelöste Angelegenheiten, fehlerhafte Glaubenssysteme, unkorrekte Psychologie, Philosophie, negative Gefühle und Emotionen, Dinge des negativen Egos und so weiter. Sie haben problematische Beziehungen und unerledigte Geschäfte. Dann lesen sie ein Buch und besuchen einen Workshop und integrieren die Informationen nicht und wenden sie nicht für sich an. Jeden Tag treffen sie auf spirituelle Prüfungen und Lektionen, doch sie wissen nicht, wie sie sie meistern können und so recyceln sie die gleichen spirituellen Aufgaben und Lektionen wieder und wieder. Unverdaute psychologische Nahrung im Gegensatz zu bewusster Nahrung.

Dann tritt auch auf der spirituellen Ebene die Magenverstimmung auf. Menschen könnten zu viele spirituelle Aktivitäten herbeiführen und davon krank werden. Sie könnten zu viel Energie herbeirufen. Sie könnten ihre höheren Chakren überladen und sie nicht ausbalancieren. Sie könnten zu sehr auf das Himmlische fokussiert sein und nicht in der Erde verankert sein. Sie könnten mit Licht arbeiten, es aber nicht ausbalancieren oder das Licht nicht auf die richtige Stelle fokussieren.

Dann gibt es spirituelle Magenverstimmung, auf Grund zu vielen Channelings oder zu häufig praktiziertem Seelenreisen. Jedes Chakra, das zu stark oder zu wenig stimuliert wurde, wird nach einiger Zeit beginnen, in den verschiedenen sieben Hauptdrüsen ein Ungleichgewicht zu verursachen.

Und so seht ihr, meine Freunde, dass es tatsächlich drei Formen der Magenverstimmung gibt. Die spirituelle, psychologische und physische. Der physische Körper verdaut automatisch, solange wir ihn nicht überladen, richtig essen und die richtigen Nahrungsmittel miteinander kombinieren. Die spirituelle Verdauung geschieht in Form einer bewussten Verarbeitung, um die Energien im Gleichgewicht zu halten und um zu wissen, wann sie nach mehr verlangen soll und wann es genug ist.

Die psychologische Verdauung ist am schwierigsten zu meistern, denn dies geschieht nicht automatisch, wie dies bei der physischen Verdauung und in bestimmtem Ausmaß auch bei der spirituellen Verdauung der Fall ist. Auf der psychologischen Ebene geschieht Verdauung bewusst. Man integriert, fügt zusammen, verarbeitet, verdaut, wendet an, demonstriert oder verkörpert es nicht ohne das Bewusstsein und den Willen, es zu tun. Man lernt seine Lektionen und besteht alle seine spirituellen Aufgaben nicht, ohne die bewusste Verarbeitung. Daher sagte Sai Baba, der Kosmische Christus, dass 70 % des spirituellen Weges die Selbsterkundung ist. Dies ist der Bereich, in dem das meiste der eigenen Realität verarbeitet wird.

Es gibt sehr viele spirituelle Führer, die channeln können, hellsichtig sind, heilen können, übersinnlich sind und alle möglichen spirituellen und übersinnlichen Gaben besitzen, doch wenn 70 % des spirituellen Weges und die Grundlage deines spirituellen Weges die richtige Verarbeitung in deinem Bewusstsein ist, dann kannst du erkennen, warum so viele spirituelle Führer, Seminarleiter und Lehrer die spirituelle Leiter hinunterfielen. Sie besitzen außergewöhnliche Gaben, doch sie sind in ihrem Bewusstsein und in ihrer psychologischen Verdauung noch nicht so weit entwickelt, um, wie es Erzengel Metatron so brillant nannte, es „progressiv spirituell zu verarbeiten".

Sai Baba nannte es Selbsterkundung. Wenn man nicht die richtige Bewusstseinsarbeit, psychologische Arbeit, Selbsterkundung, progressive spirituelle Verarbeitung und psychologische Verdauung erlernt, dann werden alle spirituellen und übersinnlichen Gaben verdorben, die Hellsichtigkeit und die Heilungsarbeit werden verdorben. Dies passiert in astronomisch hohem Tempo in der New Age - Bewegung und in der Religion. Dies wird fragmentierter oder zersplitterter Aufstieg genannt. Meister Jesus nannte dies brillant die falschen Propheten, die falschen Lehrer und Wölfe in Schafspelzen. In der Bibel heißt es: *"Weh euch, Schriftgelehrte und Pharisäer, ihr Heuchler, die ihr seid wie die übertünchten Gräber, die von außen hübsch aussehen, aber innen sind sie voller Totengebeine und lauter Unrat!"* Daher gibt es so viele Kulte.

Die Lichtarbeiter haben die Tendenz, sehr naiv, einsichtslos und leicht zu beeindrucken zu sein. Denn eine oder viele spirituelle Gaben machen noch keinen Meister aus. Wenn dir sonst nichts aus diesem Kapitel in Erinnerung bleibt, dann merke dir dies: 70 % deines spirituellen Weges besteht darin, wie du dein Bewusstsein und deine Ernährung auf allen Ebenen steuerst. Es besteht die Notwendigkeit, ständig physische, mentale, emotionale, energetische, das Licht, den Klang, das Tempo, die irdischen Angelegenheiten und die Beziehungen betreffende Angleichungen und Korrekturen vorzunehmen. Nur als Beispiel, selbst wenn ein Mensch channelt, sein Bewusstsein jedoch nicht auf richtige Weise verarbeitet, wird er astrale Wesen anziehen, auch wenn er an die Aufgestiegenen Meister glaubt. Wenn er sich auf Seelenreise begibt, wird er auf die astrale oder mentale Ebene gelangen, auch wenn er spirituell nur an die Aufgestiegenen Meister glaubt, wegen all des unverdauten spirituellen und psychologischen Materials. Wenn er lieblos ist, wird auch sein Channeling lieblos sein. Wenn er mit Machtthemen zu tun hat, dann wird auch sein Channeling dies widerspiegeln. Wenn er unwissenschaftlich ist, dann wird auch sein Channeling dies widerspiegeln. Wenn du nur eines aufnimmst und sonst nichts, dann höre dies: *„Bewusstsein beeinflusst alles, und ich meine alles."* Daher ist es entscheidend zu lernen, spirituell, psychologisch, im Bewusstsein und auf der physischen/irdischen Ebene richtig zu verdauen. Viele Menschen können spirituell verdauen, aber sind nicht in der Lage, das Erdenleben zu verdauen, Dinge wie Steuern, Besorgungen, ein Geschäft gründen, ein Geschäft führen, Finanzen oder Geld verdienen zu regeln, so dass sie ihre spirituelle Mission nicht ausführen können, denn ihr Erdenleben ist nicht richtig verdaut und verarbeitet. Ihre falsche Beziehung zu sich selbst auf Grund falscher Verdauung, Anwendung, Demonstration, Selbsterkundung und progressiver spiritueller Verarbeitung verursacht Probleme in ihren Beziehungen, denn wenn jemand mit sich selbst und Gott in seinem Denken, Fühlen, seinen Worten und Taten nicht zurechtkommt und man sein Unterbewusstsein nicht gemeistert und reprogrammiert, seine Gedanken und Emotionen nicht gemeistert und sie nicht spiritualisiert hat, nicht über seine Wünsche des niederen Selbst hinausgegangen ist, sein negatives Egodenken und –fühlen, seine Persönlichkeit, schlechten Angewohnheiten und Süchte nicht richtig gemeistert hat, dann ist es unmöglich, richtige Beziehungen zu haben.

Die meisten Menschen auf der Welt werden immer noch von ihrem Emotionalkörper und ihrem negativen Ego beherrscht, denn sie wurden nicht richtig trainiert, wie man seine Nahrung spirituell und psychologisch verdaut. Und so erkennen wir, meine Freunde, dass die „Diät des integrierten breit gefächerten Bewusstsein" zu befolgen, die Sananda aufbringt, die Grundlage des eigenen spirituellen Lebens ist. Denn sagte Meister Jesus nicht, *dass nicht das was in den Mund hineinkommt die Seele verunreinigt, sondern das, was aus dem Mund herauskommt?* Viele Lichtarbeiter sind fanatische Vegetarier, Makrobioten oder essen Spirulina oder ausgefallenes Essen oder trinken fanatisch Säfte usw. Dies ist alles in Ordnung, doch erkenne, dass es nicht deine physische Diät ist, die bestimmen wird, ob du zum Christus geworden bist, sondern das, was du auf allen Ebenen isst und wie du dadurch denkst, fühlst, sprichst und handelst. Lasst dies eine Lektion für alle sein.

Dann haben wir alle den biblischen Vers gehört, an dessen genaue Worte ich mich nicht mehr erinnern kann, aber es ist in etwa so, dass man einem Menschen kein Brot geben sollte, wenn er nur Krümel verdauen kann. Hier wird wiederum nicht nur von der physischen Diät gesprochen. Auf der physischen Ebene gibt man, wenn jemand gerade sein Essen eingenommen hat, ihm eine Stunde später kein 7-Gänge-Menü. Man würde krank werden durch die Magenverstimmung, denn niemand kann so viel Nahrung auf einmal verdauen.

Die wahre Bedeutung dieses Zitats ist natürlich die psychologische und spirituelle Diät. Wenn du all diese fortgeschrittenen spirituellen Lehren hast und die Person, mit der du bist, ein Anfänger oder Novize ist, dann wird das Geben des ganzen spirituellen Brotes ihm nur spirituelle Magenverstimmung bereiten. Es ist besser, ihm nur eine Scheibe Brot anzubieten, wenn dies alles ist, was er verdauen kann. Ein integrierter spiritueller Meister und integrierter spiritueller Christus-/Buddha-/Gott-Meister stellt sich auf diese Dinge ein und teilt nur das, was angebracht ist. Dies wiederum ist es, was ich meine, wenn ich sage, dass das Bewusstsein entscheidend ist. Jede Situation ist anders. Das Gleiche gilt hinsichtlich deiner eigenen Ernährung; iss nicht das ganze Brot, wenn du nur eine Scheibe verdauen kannst. Es ist besser, nur eine Scheibe zu essen und sie zuerst aufzunehmen, zu verdauen, zu integrieren, zu sein, zu verkörpern, sich darauf auszurichten und zu demonstrieren und dann eine weitere Scheibe zu nehmen. Ich spreche hier natürlich von spiritueller und psychologischer Nahrung.

Ein weiteres Zitat aus der Bibel über dieses Thema lautet: *„Wirf deine Perlen nicht vor die Säue."* Diese Worte klingen ein wenig verurteilend, aber in dieser Aussage befindet sich Wahrheit. Warum deine spirituellen Perlen und Nahrung den Menschen geben, die noch nicht bereit sind, sie zu empfangen? Wie der Universelle Geist durch Edgar Cayce sagte: „Es gibt Sünden der Unterlassung und der Ausübung." Teile deine spirituelle Nahrung nur dort, wo sie angebracht ist, doch zwinge sie nicht den Menschen auf oder vergeude sie nicht an diejenigen, die noch nicht offen sind. Dies bedarf natürlich spiritueller Unterscheidungskraft, die nur eine von tausenden Qualitäten ist, die entwickelt werden müssen, um ein vollkommen realisierter Christus zu werden.

In der Bibel ist die Symbolik vom Brot des Lebens und vom Wasser des Lebens so wunderschön dargestellt. In der Johannes Offenbarung, die das Neue Testament abschließt, sehen wir, wie die Bibel mit der Genesis und der Vertreibung Adams und Evas (Jesus und Maria) aus dem Garten beginnt. Dann sehen wir in der Johannes Offenbarung, welche die Bibel abschließt, den Baum des Lebens, den christus-bewussten Baum, der zwölf Mal im Jahr Frucht bringt, jeden Monat einmal. Diese Früchte sind die spirituellen Christus-/Buddha-/Gottes-Qualitäten. Dieser Baum des Lebens wird durch das „Wasser des Lebens" genährt, welcher vom „Fluss des Lebens" genährt wird, der am Thron Gottes entspringt. Ist dies nicht die schönste Symbolsprache, die du jemals gehört hast? Jeder von uns ist der Baum des Lebens. Im Garten Eden aßen Adam und Maria und die gesamte Adamische Rasse vom verbotenen Apfel (die falsche psychologische und spirituelle Diät). Die Bibel beginnt im Garten Eden und endet im

Garten Eden. Das Wasser des Lebens ist das christusbewusste Getränk der Sprache des Lichts, des Lichtquotienten, des Liebesquotienten, der Energie, der Gedanken, der Bilder, der Gefühle, der Geräusche und noch viel mehr, das uns auf allen Ebenen ernährt. In den Offenbarungen ist das Wasser des Lebens das, was den Baum des Lebens nährt, welcher zwölf Mal im Jahr Frucht bringt, jeden Monat einmal. Der Fluss des Lebens ist die direkte Energie von Gott, die das Wasser des Lebens und Christus und den Baum erhält, denn Gott, Christus und der Heilige Geist sind eins.

Mit dem Brot des Lebens hungern wir nicht und mit dem Wasser des Lebens dürsten wir nicht. Die Geschichte der Bibel zeigt uns sowohl im Leben Jesu als auch in der Adamischen Rasse den Fall im Garten Eden und wie der Mensch zum Garten Eden durch den Evolutions- und Reinkarnationsprozess zurückkehren kann.

Ziemlich synchron hatte Jesus ungefähr 33 vergangene Leben. Wenn wir vom Wasser des Lebens trinken, dann könnte dies auch mit dem Blut Christi in Verbindung gebracht werden. Es ist ein Wasser, das einen nicht wieder dürsten lässt. Alle anderen Arten von Wasser und Nahrung geben dir nur vorübergehende Zufriedenheit, wie Schokolade, physisches Essen, Macht, Ruhm, Geld, materielle Dinge, Eitelkeit, Selbstverherrlichung, falscher Stolz, rechthaberische Wut, die fünf Sinne, Beziehungen, die nicht auf der rechten Beziehung zum Selbst und zu Gott basiert, Kinder, Freuden, Hedonismus, Drogen, Sex und so weiter. Dies sind die falschen Götter, Idole, alternativen Geliebten, niederen Perlen, niederen Götter, niederen Türen, die vorübergehende Zufriedenheit geben, die jedoch einen noch größeren Durst und Hunger mit sich bringen. Das Blut Christi könnte auch dem Trinken des neuen Weins gleichen, wie Erzengel Metatron deutlich machte. Warum den alten Wein aus sauren Trauben trinken, wenn du den neuen spirituellen Christus-/ Buddha-/Gottes-Wein haben kannst?

Das Brot des Lebens könnte auch mit dem Essen des Leibes Christi verglichen werden. *"Nehmet, esset; das ist mein Leib... Trinket alle daraus, das ist mein Blut..."* Wir können dieses lebendige Brot, das Jesus, der Christus, aß essen oder von der toten Kruste, die Adam und Maria und die Adamische Rasse nach dem Fall aßen. Es muss verstanden werden, dass es ohne den „Fall" keine „Auferstehung" geben würde. Denn Gott hat gewollt, dass keine Seele verdirbt, denn, wie der Universelle Geist durch Edgar Cayce sagte: „Er hat nicht gewollt, dass auch nur eine Seele verdirbt, sondern, dass sie mit jeder Versuchung, mit jeder weiteren Prüfung einen Ausweg bekommt."

Gott, Christus und der Heilige Geist, die Aufgestiegenen Meister, Elohim, Erzengel und Engel bereiteten einen Ausweg vor, und Jesus und Maria und viele andere Aufgestiegene Meister zeigten auf, dass man ihn nutzen kann. Jesus und Maria fielen, doch durch diesen Ausweg des Reinkarnations- und Evolutionsprozesses des Aufstiegs und des Integrierten Aufstiegs, demonstrierte Meister Jesus in seinem Fall, dass dieser Weg möglich ist, denn er ist die Auferstehung und das Leben. Wie der Spruch heißt: *„Wenn Gott eine Tür schließt, dann öffnet er ein Fenster."* In diesem Fall ist das Fenster der Aufstieg, die Erleuchtung, die Befreiung, die Promotion, die Umgestaltung, die Übersetzung und die Auferstehung. Warum, wie Sananda sagte, von einem zeitweiligen und vergänglichen Getränk trinken, wenn man vom Ewigen Leben trinken kann?

Der letzte und sehr interessante Gesichtspunkt, den ich hier aufbringen möchte, ist das Zitat vom Universellen Geist durch Edgar Cayce, was, wie ich denke, eine sehr tiefe Einsicht bringt und hier genau passt. Er sagte: „Sei befriedigt, aber nie zufrieden. Denn zufrieden zu sein bedeutet, zu stagnieren." Viele Menschen auf der Erde sind mit irdischen Freuden und weltlichem Streben zufrieden, obwohl sie in ihren Seelen Durst und Hunger haben. Sie ertränken es mit geschäftiger materialistischer Existenz, die sie am Ende leiden, dürsten und hungern lässt. Anstatt ihren göttlichen Geliebten in Gott zu finden, vollzogen sie Liebe mit hunderten von ehebrecherischen Geliebten, die, wie sie hofften, ihnen die Zufriedenheit und Befriedigung ihrer Wünsche bringen würde. Am Ende geschah dies nie.

Der integrierte spirituelle Christus-/Buddha-/Gottes-Meister findet Zufriedenheit im spirituellen Leben des spirituellen Wachsens und Dienens, das im Aufstieg und in der Auferstehung gipfelt, ist aber nie zufrieden, denn er weiß, dass es noch immer ein weiter Weg ist. Die Aufgestiegenen Meister, selbst auf der inneren Ebene, die vollständig promovierten, sind ganz befriedigt, aber nicht zufrieden, denn sie wissen, dass es immer höhere Ebenen der Gotteserkenntnis zu erreichen gibt. Die Geistige Welt, Sananda, die Meister und ich beenden diese Lektion, indem wir mit dir auf dem spirituellen Weg, in dem Puzzlestück und der spirituellen Mission, das Finden von Befriedigung teilen, die Gott nur dir allein gegeben hat. Sei aber solange nicht zufrieden, bis du Gott auf allen 352 Ebenen der Initiation voll realisiert hast, und selbst dann habe ich selbst das, was ich das „kosmische Gelübde des Boddhisattva" nenne, abgegeben, welches besagt, nicht zufrieden zu sein, bis alle Seelen auf allen 352 Ebenen mit mir nach Hause zurückgekehrt sind. Denn Gott hat nur einen Sohn und wir sind alle Teil der Sohnschaft oder Tochterschaft. Ich beende mit diesem Zitat aus den Psalmen:

Sei still und wisse, dass ich Gott bin.

So steht es geschrieben! So soll es geschehen! Amen.

Lektion 9

Sananda Metaphorik – 9

„Ich bin die Auferstehung und das Leben..." Johannes 11:25

DER SUCHENDE:

Inmitten meines Tuns fühlte ich mich dazu hingezogen, Sananda aufzusuchen. Er kam stets zu mir, wann immer ich ihn rief. Ich stand am Anfang meines bewussten Träumens und ich konnte mich an einige Worte von Sananda erinnern, gefolgt von einer langen Abhandlung, so schien es, über das wunderschöne und mächtige Mantra „ICH BIN".

Es schien, dass ich die ganze Nacht über Sananda all die ICH BIN Mantren sprechen hören konnte und er wünschte, dass auch ich sie anwenden würde.

Ich verstand die Botschaft vollkommen, die er mir auf solch wundervolle Weise nach und nach gab. Er fuhr zudem fort, mir Fragen zu stellen, die er allen Nachfolgern stellte, insbesondere denjenigen, welche die Aufstiegslehren studierten. Es war eine enorme spirituelle Entwicklung, die stattfand, auch als er die neuen Lektionen für das Neue Zeitalter lehrte.

SANANDA:

"Ich spreche zu meinen Nachfolgern auf eine neue Art und Weise. Jedes Mal, wenn ich die Worte „ICH BIN" spreche entsteht eine sehr tiefgreifende und machtvolle Schwingung.

Dies ist heute das mächtigste Mantra, besonders für die Lichtarbeiter oder die Nachfolger des spirituellen integrierten Aufstiegswegs. Doch ich muss nun hinzufügen, dass ich euch nicht länger Lichtarbeiter, sondern Wissens-überbringer nennen werde. Denn im Neuen Zeitalter, wie es in der Akasha-Chronik geschrieben steht, seid ihr, meine Nachfolger, das neue Heer; ihr, die ihr einst Lichtarbeiter wart und euch nun zu Wissensüberbringern entwickelt habt, die mein heiliges Manna des Himmels empfangen. Ihr seid die Wissensüberbringer und überflutet den gesamten Planeten mit dieser universellen Veränderung im Geist.

Wenn ich ICH BIN sage, dann ist dies die Essenz meines Wesens. „ICH BIN" bezieht sich auf den, der immer ist. Es ist ein Zustand des im Jetzt sein ... in der Gegenwart.

Ich bin der Weg. Ich bin der Weg zum ICH BIN. Kannst auch du sagen, ich bin der Weg, der Weg wohin? Oder sagst du: Ich bin verloren. Ich bin der Verlorene?

Ich bin die Wahrheit. Die Wahrheit ist, ich bin der, der ist. Kannst du sagen, ich bin die Wahrheit? Oder musst du in Wahrheit sagen, ich bin die Unwahrheit? Ich bin die Fälschung? Oder noch schlimmer, musst du sagen, ich bin das negative Ego?

Ich bin das Leben. All das, was lebt und sich bewegt und sein Sein hat, bin ich. Kannst du sagen, ich bin das Leben? Oder bist du das Kranke? Das

Behinderte? Das Sterbende? Kannst du alle Dinge in dir tun, weil ich in dir bin? Oder noch besser, kannst du noch größere Dinge tun? Als was erweist du dich? Was ist es, das du zu manifestieren wählst?

Ich bin die Tür. Die offene Tür. Bist du die Tür? Die offene der ansonsten geschlossenen Türen? Öffnest du dich für etwas Neues in dir? Oder bist du eine Tür des Bedauerns?

Ich bin der Rebstock, der reiche Rebstock, der blüht und gedeiht. Bist du der Rebstock, der zu reichen blühenden Zweigen wird? Oder bist du der tote Zweig, der geschnitten und entfernt werden muss?

Ich bin das Licht, das weit und breit erstrahlt. Bist auch du das Licht? Oder bist du noch immer von der Dunkelheit umgeben?

Ich bin der gute Hirte. Bist du ein Hirte? Der Hirte mit dem Herzen einer Mutter, das so zärtlich und umsorgend ist? Oder bist du der Fremdling, den niemand jemals kennen lernt?

Ich bin das Brot des Lebens. Das Brot, das jeglichen Hunger und jeglichen Durst stillt. Bist du das lebendige Brot? Oder bist du die tote Kruste?

Halleluja. Ich bin die Auferstehung und das Leben... Ich lebe für immer. Bist du die Auferstehung und das Leben? Oder verbleibst du in der Kälte des Grabes? Bewegungslos... leblos?

Kannst du sagen, dass du alle Dinge bist? Lebst du im ewigen „ICH BIN"?

Meine geliebten Nachfolger, bis ihr diese Mantren aus tiefster Überzeugung sprechen und sie im Inneren visualisieren könnt, welchen Zweck habt ihr solange für mich?

Durch konstantes Üben wirst du dieses Bild in dir kreieren und kannst es für dich beanspruchen. Lass dich auf nichts ein, das weniger ist als dieses Ziel, denn du bist das „ICH BIN" deines Meisters Sananda, dem Meister des Herzens."

Aus dem Koran: 51. Sure; Vers 15-16

„Wahrlich, die Gottesfürchtigen werden inmitten von Gärten und Quellen sein und das empfangen, was ihr Herr ihnen gegeben hat, weil sie vordem Gutes zu tun pflegten."

Dies ist natürlich eine der großartigen Affirmationen des Lebens. Die Worte "ICH BIN" machen sie noch mächtiger, wie Sananda es aufzeigt. ICH BIN ist natürlich der Name, den Gott Moses gab, als er sich dem brennenden Busch näherte und Gott nach seinem Namen fragte. Gott sagte: *„ICH BIN das ICH BIN."* Saint Germain machte dies natürlich in den wundervollen Büchern durch Godfrey Ray King *Die ICH BIN - Reden* bekannt. Saint Germain bezog sich auf die Geistige Welt, oder auf die Monade, wie Djwhal Khul es in den Büchern von Alice Bailey nannte, als die mächtige ICH BIN - Gegenwart. In diesen Büchern lehrt uns Saint Germain den Nutzen des „ICH BIN" durch Gebete und Affirmationen. Du wirst auch viele davon in meinen Bänden der *leicht zu lesenden Enzyklopädie des spirituellen Pfades (Lippert-Verlag)* auffinden.

In den Psalmen steht: *„Sei still und wisse, dass ich Gott bin"*. Ich denke, dass dies eine der schönsten Affirmationen, die jemals von der Geistigen Welt gegeben wurde, ist. Denn sie hat zwei Bedeutungen. Sie besagt: Wisse, dass ICH BIN, oder der Geist, der Gott ist, bin. Die zweite Bedeutung ist, wisse, dass ich selbst ICH und Gott BIN und dass wir eins sind. Denn in Wahrheit sind wir alle Christus, Geist, das ICH BIN, Buddha, das Ewige Selbst und der inkarnierte Gott im Sinne des himmlischen Ideals. Die Verwendung der Worte „ICH BIN", um deine Affirmation und Bejahung im Leben zu sprechen bedeutet, Gott und deine Natur als Gott und das Einssein mit Ihm zu affirmieren.

Der Prozess und die Wirkungsweise der Auferstehung ist, dass die Seele, die ein Aspekt Gottes ist, eins wird mit dem Geist auf allen Ebenen. Jeder Mensch hat die Wahl, ob er aufersteht oder ob er ins Grab geht. Wenn nun jemand ins Grab geht, dann stirbt nur der physische Körper und die Seele wird von der Ebene angezogen, die sie im Bewusstsein und in der Seelenentwicklung vollendet hat. Die Seele ist jedoch gebunden an das Rad der Wiedergeburt oder das Rad der 84, wie meine gute Freundin Quan Yin gern sagt, wo hingegen, wenn jemand aufsteigt und aufersteht, er von der Notwendigkeit der Wiedergeburt befreit ist.

Wenn der Mensch nun seine spirituelle Mission beendet, dann hat er die Wahl zwischen dem physischen Aufstieg oder dem seelischen Aufstieg. Das eine ist nicht besser als das andere, es ist eine Seelenentscheidung, die jeder treffen muss. Meister Jesus stieg physisch auf und ließ den physischen Körper auferstehen. Dies tat auch Meister Djwhal Khul. Andere wiederum wählten, dies nicht zu tun und entschlossen sich, ihre Energie und ihr Licht anderen Zwecken zu geben.

Ein anderer sehr interessanter Gesichtspunkt über den Aufstieg, den physischen Aufstieg und die Auferstehung ist, dass es möglich ist, seinen Aufstieg und seine Auferstehung hinauszuzögern. Wahre Freude, wie Jesus in *Ein Kurs in Wundern* sagte, ist es, Gott zu dienen.

Mir wurde die besondere Aufgabe gegeben, dieses Buch und weitere Bücher zu schreiben, das Wesakfest in Mount Shasta auszurichten und die globale Arbeit der Akademie zu erweitern. Ich bringe dies auf, weil du von der Geistigen Welt und den Meistern gebeten werden könntest, deine spirituelle Mission auch auszudehnen und sozusagen deinen spirituellen Vertrag erneut auszuhandeln.

Hier folgt noch ein weiterer interessanter Punkt bezüglich der Auferstehung. Ich fragte Sananda, der tatsächlich nach drei Tagen im Grab auferstand, ob er sich selbst auferstehen ließ oder ob die Erzengel und Meister oder Gott oder alle aus der Geistigen Welt ihm dabei halfen. Es schien zur damaligen Zeit eine gute Frage zu sein. Sananda erzählte mir, dass Gott ihn auferstehen ließ, was offensichtlich schien, nachdem ich meine Frage stellte.

In *Ein Kurs in Wundern*, den Jesus channelte, besagt eine der Lektionen: „Meine Erlösung hängt von mir ab." Dies ist wahr auf der christusbewussten Ebene. Mit anderen Worten, wie es in der Bibel heißt: *"Seid so unter euch gesinnt, wie es auch der Gemeinschaft in Christus Jesus entspricht."* Es hängt von jeder inkarnierten Seele ab, dies zu tun. Erlösung auf mentaler, emotionaler oder psychologischer Ebene hängt von jedem individuell ab, obwohl Gott auch eine Rolle bei der Erlösung und Auferstehung spielt. Es ist fast so, als ob es unsere Aufgabe sei, Gott so perfekt widerzuspiegeln, damit Gott dann den letzten Schritt der Auferstehung und des physischen Aufstiegs vollziehen kann, wenn die Voraussetzungen dafür gegeben wurden.

Nun zeigt Sananda einen absolut brillanten Punkt auf, wenn er sagt, dass die Lichtarbeiter in diesem neuen Wassermannzeitalter nicht Lichtarbeiter, sondern lieber „Wissensüberbringer" genannt werden sollten. Im Fischezeitalter der letzten 2000 Jahre kam eine enorme

Menge an Licht auf diesen Planeten und die spirituell Suchenden und die spirituellen Körper entwickelten und erweiterten sich großartig. Die „Lichtarbeiter" wurden aber nicht zum Christus. Denn Licht ist nicht die Hauptzutat, um ein Lichtarbeiter zu werden. Der Universelle Geist sagte es perfekt durch Edgar Cayce, als er aufzeigte: „Denn das, was zum Christus führt, ist der Geist – der Universelle Geist." Dies ist das exakte Zitat des Universellen Geistes. Meine geliebten Freunde, seht ihr nun, warum Sananda sagt, dass die Lichtarbeiter in diesem neuen Wassermannzeitalter „Wissensüberbringer" genannt werden sollten? Denn es ist nicht das Licht oder das Channeln oder Hellsehen oder Seelenreisen oder die Einweihungen oder übersinnlich zu sein oder berühmt zu sein oder ein Heiler zu sein oder ein Geisteswissenschaftler zu sein, was dich zum Christus führt, sondern es ist „der Geist, der zum Christus führt", wie ich gern sage, was eine verkürzte Version dessen, was der Universelle Geist gesagt hat, ist.

Die Ursache dafür ist, dass das Bewusstsein der Hauptfaktor des Fundaments deines gesamten spirituellen Lebens ist. Daher erzählte Jesus die Geschichte und das Gleichnis des Hauses, das auf Sand gebaut war. Wenn man nicht lernt, aus dem spirituellen Christus-/Buddha-/Gottesbewusstsein in integrierter und ausgeglichener Art heraus zu leben und progressiv spirituell sein Leben richtig zu verarbeiten und die Entwicklung der Selbsterkundung nicht meistert und nicht über das negative Ego mit seinem angstbegründeten, trennenden Denken und Fühlen hinausgeht und nicht lernt, das Leben aus der breit gefächerten Bewusstseinsperspektive sondern aus der begrenzenden Filterperspektive zu sehen, dann werden all die anderen spirituellen Gaben und Talente verdorben und dein Licht wird nachlassen. Denn um ein „Wissens- und Weisheitsüberbringer" zu sein, muss man das Erdgeschoss seines Hauses richtig bauen. Wenn jemand die erste Etage auf das Erdgeschoss setzt und das Bewusstsein und die spirituelle Psychologie unentwickelt sind und der

Verbesserung bedürfen, dann wird die erste Etage auf das Erdgeschoss einstürzen. Das Kellergeschoss wird voller Spinnen, Spinnweben, Feuchtigkeit und Unkraut, Ratten und anderer hässlicher Dinge sein. Der Keller (dein Unterbewusstsein) muss sauber neu programmiert werden und zum Diener des Bewusstseins, der dem Überbewusstsein oder dem Universellen Geist dient, gemacht werden. Du kannst die tiefgründige Weisheit des Überbewusstseins und des Universellen Geistes in diesem Buch erkennen. Auf meinem persönlichen anfänglichen Weg vor 30 Jahren fing ich an, ein Channel für das Überbewusstsein und den Universellen Geist zu sein. Das Überbewusstsein und der Universelle Geist arbeiten mit dem Heiligen Geist, den Aufgestiegenen Meistern, Erzengeln und Engeln, Elohim und christusbewussten Außerirdischen zusammen, um die Menschheit zu retten.

Wie Sananda sagte, in diesem neuen 2000-jährigen Wassermann-zeitalter müssen wir zum Christus des Wassermannzeitalters werden. Es ist nun an der Zeit, das Licht in allen deinen Körpern und Chakren zu verankern und es auf der Erdebene zu verkörpern. Es ist nicht nur die Zeit, um zum Christus zu werden, sondern auch, um deine spirituelle Christus-Mission auf Erden zu manifestieren, denn du wirst nicht zum Christus werden, bevor du nicht deinen spirituellen Vertrag auf Erden erfüllt hast. Viele Lichtarbeiter vergessen das. Die meisten spirituellen Führer sind Lichtarbeiter, so wie der Name es sagt und sie sind sehr träge. Sie sind auf das Licht im Himmel fokussiert und dadurch spirituell und vielleicht selbst auf der Einweihungsebene, die ein „leichter numerischer Indikator" ist, entwickelt. Sie sind jedoch im Bewusstsein, ihrer Psychologie und in den Manifestationen ihrer Mission auf Erden unterentwickelt, im Sinne der vollen Verkörperung Gottes und des Christus auf allen Ebenen, konsequent und in richtiger Balance und im Manifestieren ihrer spirituellen Mission, ihres Puzzlestückes und ihres Vertrages. Dies, meine geliebten Leser, benötigt Wissen und Weisheit und nicht Licht. Dies ist es, was Sananda hier so eindringlich sagte. Es ist nicht nur Wissen, denn man kann sich selbst mit Wissen füllen und wenn dieses Wissen nicht integriert, zusammengefasst, auf allen drei Ebenen verdaut, angewandt, demonstriert und auf Erden verkörpert wird, auf integrierte Weise, dann ist es nutzlos. Wissen wird nur dann zur Weisheit, wenn es derart umgesetzt wird. Denn, wie der Universelle Geist durch Edgar Cayce sagte: „Wissen ohne Weisheit ergibt sich aus der Trennung." Und wie Sananda in *Ein Kurs in Wundern* sagte, jede Seele muss lernen, auf allen Ebenen konsequent zu sein.

Nur wenn wir der Rebstock und der Baum des Lebens sein können, werden wir mit Zweigen und den Früchten des Geistes ausgestattet sein. Andernfalls werden noch mehr Beschneidungen, spirituelle Prüfungen und Lektionen benötigt, um den Charakter in das „Christusmuster" zu formen. So funktioniert das Leben, denn die Selbst- und Gotteserkenntnis ist der einzige Zweck des Lebens, selbst wenn die Welt meistens schläft, wenn es an diese Tatsache kommt. Wenn wir nicht dem Christus-, Buddha-, Atma-, ICH BIN-, Gottes- oder Krishnamuster folgen, dann findet das Leben oder Gott oder das Gesetz des Karma und dein eigenes Höheres Selbst und dein Überbewusstsein einen Weg, dich zu zwingen, diese Lektionen zu lernen. Wenn ich hier sage zu zwingen, dann meine ich damit eine strenge Form der Liebe. Die meisten Lektionen werden jedoch vom Selbst kreiert und nicht vom Höheren Selbst oder vom Überbewusstsein. Denn, wie der Universelle Geist durch Edgar Cayce sagt: „Das Leben ist ein Prozess, sich selbst zu begegnen." Wir begegnen diesen Energien, die wir in vergangenen und in diesem Leben in Bewegung gesetzt haben. Wie der Universelle Geist zudem sagte: „Jeder Buchstabe und jeder Titel des Gesetzes muss erfüllt werden" und dieses Gesetz erstreckt sich auch über vergangene Leben.

115

Wenn Sananda sagt, dass die Welt und seine „Wissens- und Weisheitsüberbringer" einen Wechsel in der universellen Geisteshaltung benötigen, dann kann nichts mehr der Wahrheit entsprechen. Dies ist den Prophezeiungen einer Poländerung oder eines Achsenwechsels des Planeten ähnlich, worüber sich so viele zur Jahrhundertwende sorgten. Der physische Wechsel geschah nicht, denn genug Menschen auf dem Planeten haben im Bewusstsein die „Poländerung zur Achsenänderung" gemacht. Was bedeutet diese Änderung? Es ist der Wechsel vom negativen Ego mit seinem angstbegründeten, trennenden Denken und Fühlen hin zum spirituellen Christus-/Buddha-/Gottesbewusstsein, in integrierter und ausgeglichener Form. Es ist der Wechsel vom limitierten Filtersehen hin zum Sehen mit dem breit gefächerten Bewusstsein. Es ist der Wechsel von traditioneller Psychologie oder der Psychologie des persönlichen Levels hin zu Seelen- und spiritueller Psychologie. Es ist der Wechsel von Unausgeglichenheit hin zu Ausgeglichenheit und dem Leben im Tao. Es ist der Wechsel vom Fokussieren auf das Licht hin zum Fokussieren auf Weisheit und Wissen, das zum Christus als Fundament führt und somit kann man sich dann wirklich auf das Licht ausrichten.

Fokus

von

Licht ———→ Weisheit
              + Wissen
          zu

Wechsel

116

Lektion 10

Sananda Metaphorik – 10

„Ihr nennt mich Meister und Herr..." Johannes 13:13

DER SUCHENDE:

Ein Suchender zu sein ist eine schwierige Aufgabe. Doch man hat den freien Willen zu entscheiden, ob man dies möchte. Mit dem, was üblich ist, zufrieden zu sein, kann das Herz jedoch nicht zufrieden stellen. Die Metaphorik aller Zeiten ist von höchstem Interesse und zum höchsten Gut aller. Es kann nicht weniger als „Ich bin der Herr und Meister", der Herr und Meister des Himmels und der Erde, der Herr und Meister von allem, sein.

In diesem „ICH BIN" gibt es nichts anderes. Dies zu sagen ist die höchste Anrufung, die der Absolute allein sprechen kann. Kein anderer hat dieses ruhmreiche Recht.

Wie geschrieben steht: *"... dass in dem Namen Jesu sich beugen sollen aller derer Knie, die im Himmel und auf Erden und unter der Erde sind, und alle Zungen bekennen sollen, dass Jesus Christus der Herr ist, zur Ehre Gottes.*

SANANDA:

"Doch es macht mich manchmal traurig, wenn ich sehe, dass einige spirituelle Führer, Lichtarbeiter, selbst Lehrer oder Gurus in diesem Neuen Zeitalter sich

selbst zum Herrn und Meister erklären. Einige dieser Herren und Meister werden zum Herrscher, fordernd, voll Macht und Arroganz und voller Eitelkeit und Stolz. Sie sind des Namens nicht wert. Sie nehmen an, dass Wissen allein der wichtige Bestandteil, der eine solche Macht verleiht, ist. Und während es wahr ist, dass diese Segnung des Wissens wichtig ist, so muss es zuvor jedoch mit den Wassern der Demut und der Liebe gewaschen werden. Andernfalls war alles vergeblich.

Dies ist aber nicht der Fall bei diesem demütigen, bescheidenen Mann, Jesus von Nazareth. Denn ich bin mehr als das. „Ich bin der Christus". In diesem „Ich bin der Christus"-Mantra, das du sprichst, erkennst du, dass auch du der Christus bist. Niemand verdient dieses Amt oder diesen Titel, bevor er sich nicht unter Beweis stellt und auch vom Vater gebilligt wurde, denn nur dann kann er zur Rechten des Vaters in voller Herrlichkeit sein; der Herrlichkeit, die gesegnet, genehmigt und mit Ehren verliehen wurde. Es geschah durch mein Blut und der Nacktheit, die durch meine Selbstauflösung ausgedrückt wurde, dass mir diese Ehre zuteil wurde. Ich bat nicht darum, noch wünschte ich mir dies.

Mein einziger Gedanke war der Wunsch des Willens Gottes in mir. Doch so viele Menschen in dieser materiellen Welt halten noch immer fest. Sie halten an ihrem eigenen Namen und ihrem Ruhm fest. Sie halten an ihrem Titel, ihren Besitztümern, ihren Häusern und ihren Autos fest. Sie halten besonders an ihrer eigenen Popularität fest und haben das Bedürfnis nach der Bühne und dem Rampenlicht. Es ist nichts Schlechtes daran, wenn dies zur rechten Zeit und zum richtigen Zweck für das höchste Gute und im höchsten Interesse aller gefragt ist. Nein, dies kann als ehrenhaft angesehen werden, mit allem Respekt. Ich spreche aber von denjenigen, deren Korruptionen sie dahin führten, dass sie stets nach falscher Anerkennung und vergeblichen Hoffnungsträgern suchen. Dies ist eine Form der Selbstverherrlichung. Aber nach dem Aufstieg kommt ihr Fall. Der Herr und Meister aller bleibt verantwortlich.

Heute ist der Mensch eifriger denn je, seine Lorbeeren zu erhalten und sich zu rühmen. Doch nur Wenige verstehen die Kraft des Blutverströmens, die ich als freiwillig aufopferndes Lamm erfahren habe. Viele missverstehen dies als einen Akt der Schwäche und nicht als die Macht der Liebe. Unter diesen sich selbst verherrlichenden Führern haben sie die Aufgabe des Dieners gegenüber allen vergessen.

Meine geliebten Nachfolger, suchet nicht nach diesen Dingen, sondern nur danach, in meinen Augen erfreulich zu sein und ihr werdet sehr stolz sein."

Aus dem Koran: 46. Sure; Vers 16

„Das sind die, von denen wir die guten Werke annehmen, die sie getan haben, und deren üble Werke wir übergehen. Sie gehören zu den Bewohnern des Paradieses – in Erfüllung der wahrhaftigen Verheißung, die ihnen verheißen wurde."

Der geliebte Sananda/Jesus zeigt uns einen absoluten Schlüsselpunkt in diesem ganzen Prozess der spirituellen Entwicklung, des Aufstiegsweges und der Auferstehung auf. Wenn er sagt: *„Ich bin der Herr und Meister"*, dann ist die erste Bedeutung von der er spricht, der „Christus" und der zweite Aspekt die Dreieinigkeit. Gott, Christus und der Heilige Geist sind eins. Christus ist unser Herr und Meister und das, zu dem wir alle werden: Meister und realisierte Götter, welche die Herrschaft über Himmel und Erde haben. Dies ist die erste Bedeutung dieser Aussage.

Die zweite Bedeutung dieser Aussage ist, dass Jesus der Herr und Meister ist, denn Jesus wurde eins mit dem Christus und mit dem Vater. Er fragte seine Apostel, wer er ist und ich glaube, es war Petrus, der sagte, dass er der Christus sei. Jesus sagte ihm, dass er der Stein sei, auf dem er seine Kirche erbauen würde. Jesus bekräftigte die Wahrheit der Aussage, die Petrus machte. Jesus sagte zudem, *"der Vater und ich sind eins"*. Er wurde eins mit Christus und dem Vater und dem Heiligen Geist, der ihm durch die unbefleckte Empfängnis das Leben gab und der zu seiner Geburt über ihn kam und erneut dann, als er im Fluss Jordan getauft wurde. Nachdem Jesus sagte: *"Es ist vollbracht"*, erfüllte er seine spirituelle Mission, starb physisch und erlangte seine Auferstehung durch Gott und wurde dann vollkommen zum Herrn und Meister des Himmels und der Erde, denn Jesus und der Christus sind eins.

Wie Sananda/Jesus sagte, ist dies auch das Schicksal aller Seelen auf Erden, denn in Wahrheit sind wir alle der Christus. Die meisten haben dies nur noch nicht erkannt. Dies ist der Grund, warum sich die Menschen in dieser Welt inkarniert haben. Um den Christus zu realisieren, auf genau dem spirituellen Weg oder mit Hilfe der Religion, welche die Richtige für sie ist. Dies geschieht, indem man auf allen Ebenen zum Christus des integrierten breit gefächerten Bewusstseins wird, dies bedeutet spirituell hinsichtlich des Lichtquotienten, Liebesquotienten, der Einweihungsebene, der Verankerung und Aktivierung der Lichtkörper und der Chakra-verankerung.

Es bedeutet, dies auf der mentalen Ebene zu tun, indem wir vollständig die mentalen Ideale des Christus verstehen und anwenden; auf der emotionalen Ebene, dass wir den Christus jederzeit fühlen und indem wir die Verkörperung der bedingungslosen Liebe im täglichen Leben sind. Und energetisch die Energie des Christus jederzeit geben, nur Worte des Christus in unseren täglichen Angelegenheiten sprechen, nur wie der Christus in unseren Taten, Handlungen und in unserem Verhalten sind, den Christus inmitten unseres Erdenlebens verkörpern, darstellen und leben, wie Jesus so treffend demonstrierte, zu Diensten als der Christus sind und das zu leben, wie Jesus sagte: *„Der Größte unter euch ist der Diener aller"*.

Indem wir so die Präsenz Gottes, des Christus und des Heiligen Geistes auf allen Ebenen in der Art und Weise des breit gefächerten Bewusstseins praktizieren, wird jeder Mensch ebenfalls auf Erden zum lebendigen Christus, dem Herrn und Meister des Himmels und der Erde, und der Meister aller, werden. Gott wird dir diese Macht verleihen, denn indem du zum Christus auf allen Ebenen wirst, wirst du somit die Verkörperung der Selbstbeherrschung, der Kausalität, der Selbstdisziplin, der Egolosigkeit, der Selbstlosigkeit, der Heiligkeit, des Dienens, der Bescheidenheit, der Demut, der bedingungslosen Liebe, der Vergebung, der Harmlosigkeit, der Verteidigungslosigkeit, der Zartheit und der Reinheit Gottes werden. Auf Grund eines solch christuserfüllten Bewusstseins, das schon lange auf der Erde praktiziert und demonstriert wurde, verleiht Gott den Titel des Herrn und Meister seinem treuen Diener. Folglich nennen wir auch Buddha den Meister Buddha oder Maitreya den Meister Maitreya oder Sai Baba Seine Heiligkeit Lord Sai Baba. Denn sie und viele andere wurden auch zum Herrn und Meister der Welt; sie stammen aus allen Religionen und aus keiner Religion.

Sie alle wurden zum Herrn und Meister aller, denn sie wurden zum Diener aller. Sie wurden der Herr und Meister aller, weil sie Gehorsamkeit Gott und seinen Gesetzen gegenüber demonstrierten. Dies ist somit das wahre Schicksal aller Seelen auf Erden, wenn sie die Gesetze der Erkenntnis erfüllen und die Voraussetzungen erfüllen. Wie Meister Jesus sagte: *"Wahrlich, wahrlich, ich sage euch: Wer an mich glaubt, der wird die Werke auch tun, die ich tue, und er wird noch größere als diese tun; denn ich gehe zum Vater."* Er zeigte uns die Wahrheit, den Weg und das Leben, das gelebt werden muss, um diesen Titel zu erhalten. Dieser Titel wird nicht mit falschem Stolz getragen, sondern mit größter Bescheidenheit und Demut. Denn nach dem Hochmut kommt der Fall.

Wie Meister Jesus sagte, ist es eine schwierige Aufgabe, denn es gibt viele Fallen auf dem spirituellen Weg. Die meisten schaffen es nicht. Denn, wie Meister Jesus sagte: *"Es ist leichter, dass ein Kamel durch ein Nadelöhr gehe, als dass ein Reicher ins Reich Gottes komme."* Wenn man reich an negativem Ego, Opferbewusstsein, Begehren des niederen Selbst, Überidentifizierung mit dem Materiellen, Angst, Trennung, Egoismus, negativen Gefühlen und Emotionen, schlechten Angewohnheiten, Süchten, Unausgeglichenheiten, Extremismus, Verlangen, Anbetung falscher Götter und alternativer Geliebter wie Macht, Ruhm, Geld, Eitelkeit und Selbstverherrlichung ist, dann hat man die gleiche Chance, ins Himmelreich zu gelangen wie ein Kamel das versucht, durch ein Nadelöhr zu gehen. Dies ist die wahre Bedeutung dieses Zitats, meine Freunde. Es geht nicht um Geld, sondern um die Anhaftung an Geld und materielle Dinge.

Wissen ist nicht genug, man muss auch Weisheit und die Umsetzung, die angewandte Weisheit ist, haben.

Wenn wir zum Herrn und Meister werden, dann empfangen wir den Heiligen Geist, wie Meister Jesus sagte: *"...aber ihr werdet die Kraft des Heiligen Geistes empfangen, der auf euch kommen wird..."* *„Empfangt den Heiligen Geist."* *"Aber der Tröster, der Heilige Geist, den mein Vater senden wird in meinem Namen, der wird euch alles lehren und euch an alles erinnern, was ich euch gesagt habe."*

Wir müssen wie der gute Hirte sein, der sein Leben für seine Schafe gibt. Das ganze Gesetz, zum Christus zu werden, kann folgendermaßen zusammengefasst werden: Die ganzen Gebote könnten als *"Liebe den Herrn, deinen Gott, mit ganzem Herzen und mit ganzer Seele und mit ganzem Geist und mit aller Kraft und liebe deinen Nächsten wie dich selbst"* zusammengefasst werden.

"Denn wer sich selbst erhöht, der soll erniedrigt werden; und wer sich selbst erniedrigt, der soll erhöht werden." Diejenigen, die Gott preisen, werden zum gepriesenen Gott und zum Herrn und Meister werden.

Um ein Meister zu werden, müssen wir uns selbst und anderen vergeben, denn wie Meister Jesus sagte: „*Nein, du sollst siebenundsiebzig Mal vergeben.*" Dies ist es, wie der Himmlische Vater jeden von euch behandeln wird, bis ihr denen, die euch Falsches getan haben aus tiefstem Herzen vergeben werdet.

Wir müssen alle Sorgen und Ängste des Überlebens loslassen und unseren Glauben und unser Vertrauen in Gott setzen, denn, wie der Meister sagte: *"Darum sage ich euch: Sorgt nicht um euer Leben, was ihr essen sollt, auch nicht um euren Leib, was ihr anziehen sollt. Denn das Leben ist mehr als die Nahrung und der Leib mehr als die Kleidung. Seht die Raben an: sie säen nicht, sie ernten auch nicht, sie haben auch keinen Keller und keine Scheune, und Gott ernährt sie doch. Wie viel besser seid ihr als die Vögel! Wer ist unter euch, der, wie sehr er sich auch sorgt, seines Lebens Länge eine Spanne zusetzen könnte? Wenn ihr nun auch das Geringste nicht vermögt, warum sorgt ihr euch um das andere? Seht die Lilien an, wie sie wachsen: sie spinnen nicht, sie weben nicht. Ich sage euch aber, dass auch Salomo in aller seiner Herrlichkeit nicht gekleidet gewesen ist wie eine von ihnen. Wenn nun Gott das Gras, das heute auf dem Feld steht und morgen in den Ofen geworfen wird, so kleidet, wie viel mehr wird er euch kleiden, ihr Kleingläubigen! Darum auch ihr, fragt nicht danach, was ihr essen oder was ihr trinken sollt, und macht euch keine Unruhe. Nach dem allen trachten die Heiden in der Welt; aber euer Vater weiß, dass ihr dessen bedürft. Trachtet vielmehr nach seinem Reich, so wird euch das alles zufallen. Darum sorgt nicht for morgen, denn der morgige Tag wird für das Seine sogen. Es ist genug, dass jeder Tag seine eigene Plage hat."*

Um ein Herr und Meister zu werden, müssen wir unser Bewusstsein auf festem Boden bauen, was Gott, seine Gesetze, die richtige spirituelle, psychologische und irdische Meisterschaft und Integration betrifft, denn wie Meister Jesus sagte: *"Es werden nicht alle, die zu mir sagen: Herr, Herr!, in das Himmelreich kommen, sondern die den Willen tun meines Vaters im Himmel. Es werden viele zu mir sagen an jenem Tage: Herr, Herr, haben wir nicht in deinem Namen geweissagt? Haben wir nicht in deinem Namen böse Geister ausgetrieben? Haben wir nicht in deinem Namen viele Wunder getan? Dann werde ich ihnen bekennen: Ich habe euch noch nie gekannt; weicht von mir, ihr Übeltäter! Darum, wer diese meine Rede hört und tut sie, der gleicht einem klugen Mann, der sein Haus auf Fels baute. Als nun ein Platzregen fiel und die Wasser kamen und die Winde wehten und stießen an das Haus, fiel es doch nicht ein; denn es war auf Fels gegründet. Und wer diese meine Rede hört und tut sie nicht, der gleicht einem törichten Mann, der sein Haus auf Sand baute. Als nun ein Platzregen fiel und die Wasser kamen und die Winde wehten und stießen an das Haus, da fiel es ein, und sein Fall war groß."*

Um der Christus und der Herr und Meister zu werden, müssen wir die Augen haben, zu sehen und die Ohren, zu hören. Wir müssen den Balken aus unseren eigenen Augen entfernen, bevor wir den Splitter aus dem Auge unserer Brüder entfernen wollen. Wir dürfen nicht urteilen, damit wir nicht verurteilt werden. Wir müssen bereit sein, alles aufzugeben, denn sagte der Meister nicht: *"Wer mir folgen will, der verleugne sich selbst und nehme sein Kreuz auf sich täglich und folge mir nach."*

Wir dürfen nicht das Selbst rühmen, sondern nur Gott, denn sagte der Meister nicht: *"Ich suche nicht meine Ehre; es ist aber einer, der sie sucht, und er richtet. Es ist aber mein Vater, der mich ehrt, von dem ihr sagt: Er ist unser Gott und ihr kennt ihn nicht; ich aber kenne ihn. Und wenn ich sagen wollte: Ich kenne ihn nicht, so würde ich ein Lügner, wie ihr seid. Aber ich kenne ihn und halte sein Wort."*

Wir müssen in Christus wiedergeboren sein, um zum Christus und zum Herrn und Meister zu werden, denn, wie der Meister sagte: *"Wahrlich, wahrlich, ich sage dir: Es sei denn, dass jemand von neuem geboren werde, so kann er das Reich Gottes nicht sehen."*

Wir können nicht nur von Brot allein leben, sondern vom Leib und Blut Christi. Denn der Mensch lebt nicht von Brot allein. Denn sagte der Meister nicht auch: *"Meine Speise ist die, dass ich tue den Willen dessen, der mich gesandt hat, und vollende sein Werk. Ich bin das Brot des Lebens. Wer zu mir kommt, den wird nicht hungern; und wer an mich glaubt, den wird nimmermehr dürsten. Ich bin das Brot, das vom Himmel gekommen ist."* *„Ich bin das Brot des Lebens, das Licht der Welt, die Tür, die Auferstehung, der Rebstock, der Weg, die Wahrheit und das Leben."*

Wir müssen zudem zu Friedfertigen werden, denn sagte der Meister nicht: *"Selig sind die Friedfertigen; denn sie werden Gottes Kinder heißen."*
Wir müssen zudem erkennen, dass wir um aufzusteigen zuerst herabsteigen müssen und die Verkörperung des Christus auf Erden werden und helfen müssen, den Himmel auf Erden zu kreieren, um den Christus zu realisieren. Sagte der Meister nicht *„Niemand steigt in den Himmel auf, der nicht zuerst auf die Erde kam."*

Um der Christus zu werden müssen wir die Gesetze befolgen, denn wie der Meister sagte: *„Ja, selig sind, die das Wort Gottes hören und bewahren."*

Um der Christus und Meister zu werden müssen wir gewillt sein, manchmal Verfolgungen zu ertragen, denn der Meister sagte: *"Selig sind, die um der Gerechtigkeit willen verfolgt werden; denn ihrer ist das Himmelreich."*

Wir müssen sanft, harmlos, verteidigungslos und den Kindern gleich werden und ohne Hinterlist, Betrug und Manipulation sein. Denn sagte der Meister nicht: *"Selig sind die Sanftmütigen; denn sie werden das Erdreich besitzen."*

Um den Christus zu realisieren und zum Herrn und Meister zu werden müssen wir das genaue Gegenteil dessen, was die Welt macht, tun, denn der Meister sagte: *"Aber ich sage euch, die ihr zuhört: Liebt eure Feinde; tut wohl denen, die euch hassen; segnet, die euch verfluchen; bittet für die, die euch beleidigen. Und wer dich auf die eine Backe schlägt, dem biete die andere dar; und wer dir den Mantel nimmt, dem verweigere auch den Rock nicht."*

Um der Christus und der Meister zu werden muss man zuerst das Selbst verleugnen, denn wie der Universelle Geist durch Edgar Cayce sagte, müssen die folgenden Qualitäten umgewandelt werden: „Selbstbezogenheit, Egoismus, Egozentrik, Selbstverherrlichung, völlig in sich selbst aufgehen und sich selbst zu wichtig zu nehmen, Selbstverwöhnung, Selbstinteresse, Selbstgerechtigkeit, Selbstzufriedenheit, Selbstsucht und Selbstglorifizierung, kurz das Selbst."

Um der Christus und der Meister zu werden müssen wir unsere guten Qualitäten leuchten lassen, denn wie der Meister sagte: „*Verstecke deine guten Qualitäten nicht, sondern lasse sie leuchten wie eine Kerzenflamme ein dunkles Haus erhellt. Wenn eine Lampe angezündet wird, wird sie nicht unter einen Scheffel gestellt, sondern sie wird dort hingestellt, wo sie das ganze Zimmer erhellt.*"

Wir müssen die Philosophie des Alten Testaments loslassen, die besagt „*Auge um Auge, Zahn um Zahn*" und an dem Gesetz der Liebe festhalten, welches Jesus der Christus lehrte, denn „*Auge um Auge lässt die ganze Welt erblinden.*"

Wir müssen uns daran erinnern, dass es nicht das ist, was wir essen, das zählt, sondern was wir sagen, nachdem wir gegessen haben, denn wie der Meister sagte: "*Was zum Mund hineingeht, das macht den Menschen nicht unrein; sondern was aus dem Mund herauskommt, das macht den Menschen unrein.*"

Wir müssen unser christusbewusstes Ideal in vollkommener Untadeligkeit, Kontinuität und Balance auf allen Ebenen praktizieren, denn sagte der Meister nicht: "*Wer in Unschuld lebt, der lebt sicher; wer aber verkehrte Wege geht, wird ertappt werden.*"

Wir müssen unser Einkommen völlig integer verdienen, wie es der Universelle Geist durch Edgar Cayce ausdrückte: „Ungerecht erworbener Wohlstand wird sich verringern; aber derjenige, der gerecht sammelt, der soll seinen Wohlstand steigern."

Wir müssen uns daran erinnern, dass die Erde von Gott und nicht von uns ist. Die meisten Menschen leben in der Illusion, dass sie Dinge besitzen. Dies ist nur eine andere Fabrizierung und Einbildung des

Geistes und der Vorstellung des negativen Egos. Wir alle leihen uns nur die Dinge für eine kurze Zeit aus, denn heißt es in der Bibel nicht: *"Die Erde ist des Herrn und was darinnen ist, der Erdekreis und die darauf wohnen."*

Wenn wir Fülle in unserem eigenen Leben erzeugen wollen, müssen wir die Gesetze des Lebens verstehen. Denn der Universelle Geist sagt durch Edgar Cayce: „Fülle ist das Resultat der Erfüllung des Gesetzes einem anderen zu dienen." Wie Meister Jesus auch sagte: *„Das, was wir geben bereichert uns, und nicht das, was wir empfangen... Überlasse das, was das Resultat sein könnte dem Vater. Denn nur er allein kann es mehren."*

Um der Christus und der Meister zu werden, müssen wir zuerst „Menschenfischer" werden. Wir müssen helfen, alle Seelen zurück in das Himmelreich auf Erden zu bringen. Wir tun dies auf Grund des Mitgefühls, das wir denjenigen entgegenbringen, die leiden. *„Wenn aber jemand dieser Welt Güter hat und sieht seinen Bruder darben und er schließt sein Herz vor ihm zu, wie bleibt dann die Liebe Gottes in ihm?"*

Um der Christus und der Meister zu werden müssen wir in unseren Bemühungen standhaft sein und durchhalten, denn hat der Meister nicht gesagt: *„Darum, meine lieben Brüder, seid fest, unerschütterlich und nehmt immer zu in dem Werk des Herrn, weil ihr wisst, dass eure Arbeit nicht vergeblich ist in dem Herrn."*

Wir müssen alles, was geschieht, segnen und zu allen Zeiten zufrieden und gleichmütig sein. Nicht das ich in dieser Hinsicht von Bedürfnissen spreche; denn ich habe gelernt, in welchem Zustand ich mich auch immer befinde, damit zufrieden zu sein.

Wir müssen die Einheit, Harmonie und Kooperation zu allen Zeiten aufrechterhalten, wenn wir der Christus und Meister sein wollen; "... *und seid darauf bedacht, zu wahren die Einigkeit im Geist durch das Band des Friedens."*

Edgar Cayce sagte: „Diejenigen, die zusammenarbeiten möchten, müssen dies durch das Geben des Selbst tun."

Es ist nicht einfach, zum Christus und zum Meister zu werden. Es bedarf großen Mutes. *"Seid getrost und unverzagt, fürchtet euch nicht und lasst euch nicht vor ihnen grauen; denn der Herr, dein Gott, wird selber mit dir ziehen und wird die Hand nicht abtun und dich nicht verlassen."*
Wir müssen gewillt sein, alle unsere Gaben und Talente zu nutzen, die Gott uns verliehen hat und die wir in unserem Dienst entwickelt haben. Denn, wie es in der Bibel heißt: *"Lass nicht außer acht die Gabe in dir..."*

Wir müssen in dieser Welt und nicht von dieser Welt sein. Wir müssen unseren Kopf in den Wolken belassen und unsere Füße fest auf dem Boden haben. *"Trachtet nach dem, was droben ist, nicht nach dem, was auf Erden ist."*

Was immer wir tun, wir müssen es für Gott, Christus und den Heiligen Geist tun. Denn, wie es in der Bibel heißt: *"Alles, was ihr tut, das tut von Herzen als dem Herrn und nicht den Menschen."*

Um der Christus und der Meister zu werden, müssen wir zu allen Zeiten spirituell anspruchsvoll und wachsam bleiben. Denn besagt die Bibel nicht: *"Wohl dem, der barmherzig ist und gerne leiht und das Seine tut, wie es recht ist!"*

Am meisten müssen wir aber die Goldene Regel befolgen: *"Alles nun, was ihr wollt, dass euch die Leute tun sollen, das tut ihnen auch! Das ist das Gesetz und die Propheten."*

Wir können nur zum Meister und Herrscher über Viele gemacht werden, wenn wir uns der Herrschaft über die vielen kleinen Dinge im Leben als würdig erachten. Denn, heißt es in der Bibel nicht: *"Sein Herr sprach zu ihm: Recht so, du tüchtiger und treuer Knecht, du bist über wenigem treu gewesen, ich will dich über viel setzen; geh hinein zu deines Herrn Freude!"*

Der Universelle Geist durch Edgar Cayce sagte: „Es ist der Geist, der zum Christus führt." Denn unsere Gedanken kreieren unsere Realität und ohne einen gesunden Geist, selbst wenn die Person ein Channel, ein Hellseher, ein Übersinnlicher, ein Heiler oder mit sonstigen Gaben gesegnet ist, wird man nicht zum Christus. Denn, heißt es in der Bibel nicht: *"Seid so unter euch gesinnt, wie es auch der Gemeinschaft in Christus Jesus entspricht."* *"Und stellt euch nicht dieser Welt gleich, sondern ändert euch durch Erneuerung eures Sinnes, damit ihr prüfen könnt, was Gottes Wille ist, nämlich das Gute und Wohlgefällige und Vollkommene."* „Wie der Mensch denkt, so ist er." „Du bist, was du denkst." „Es wird dir geschehen nach deinem Glauben." Und schließlich: *"Denn Gott hat uns nicht gegeben den Geist der Furcht, sondern der Kraft und der Liebe und der Besonnenheit."*

Denn es ist entscheidend zu verstehen, dass, obwohl wir alle Christus im Sinne des himmlischen Ideals sind, wir im Sinne der realen Welt (der Universelle Geist durch Edgar Cayce hat es am besten zusammengefasst): *"...nicht Gott, doch alle Götter im Werdeprozess sind".* Lehrlingsgötter, die lernen, wie der Vater zu sein.

Wir müssen immer verstehen, dass wir etwas weitergeben müssen um es behalten zu können. Wie der Universelle Geist durch Edgar Cayce sagte: „Ein Mensch, der Freunde hat, muss sich freundlich zeigen." Wenn wir zum Christus werden wollen, müssen wir zu allen Zeiten das spirituelle Christus-/Buddha-/Gottesbewusstsein auf integrierte und ausgeglichene Art geben. Wenn wir Liebe möchten, dann müssen wir Liebe geben. Und dieses Gesetz funktioniert auch in entgegengesetzter Weise, denn, wenn wir urteilen, werden wir von anderen beurteilt. Wenn wir angreifen, so werden wir von anderen angegriffen werden. „Wenn wir durch das Schwert leben, werden wir durch das Schwert sterben." Wenn du Gott im Himmel willst, dann handle so wie Gott auf Erden. Wir müssen immer Gutes tun, denn „Gott ist ein Wesen, das Gutes kennt ohne das Böse als Referenzpunkt zu benötigen." Wie es zudem in der Bibel heißt: *„Mein Lieber, folge nicht dem Bösen nach, sondern dem Guten. Wer Gutes tut, der ist von Gott; wer Böses tut, der hat Gott nicht gesehen."* Wenn wir das Leben geben, werden wir das Leben erhalten. Das höchste Beispiel dessen ist: *„Niemand hat größere Liebe als die, dass er sein Leben lässt für seine Freunde."*

Um zum Christus und Meister zu werden, müssen wir nicht nur ehrlich sein mit Gott, sondern auch mit unseren Mitmenschen. Wie der Universelle Geist durch Edgar Cayce sagte: „Sorge für ehrliche Dinge, nicht nur in den Augen des Herrn, sondern auch in den Augen der Menschen."

Wir müssen in allen unseren Begegnungen sanftmütig und barmherzig sein, um zum Christus und Meister zu werden, denn, wie es in der Bibel heißt: *"Die Elenden sollen essen, dass sie satt werden; und die nach dem Herrn fragen, werden ihn preisen; euer Herz soll ewiglich leben." "Seid barmherzig, wie auch euer Vater barmherzig ist."*

Um der Christus und Meister zu werden, müssen wir beten und Glauben, Vertrauen und Geduld haben, dass Gott rasch antworten wird. Jesus hatte so viel Glauben, dass er willig auf dem Kreuz starb, obwohl er leicht hätte flüchten können. Er hatte so viel Glauben, wie es im Buch des Lebens und in der Akasha-Chronik geschrieben steht, dass er auf dem Kreuzweg lachte, gemäß den Durchgaben des Universellen Geistes durch Edgar Cayce. Denn, heißt es in der Bibel nicht: *„Obwohl ihr weit weg seid, wenn ihr ruft, werde ich euch erhören und rasch antworten."*

Niemand wird zum Christus und Meister werden ohne persönliche Kraft, Selbstbeherrschung und Selbstdisziplin. Denn, heißt es in der Bibel nicht: *"Denn Gott hat uns nicht gegeben den Geist der Furcht, sondern der Kraft und der Liebe und der Besonnenheit."* Selbst die östlichen Religionen bestätigen dies in den Upanischaden: „Nicht durch die Schwachen, nicht durch die Unaufrichtigen, nicht durch diejenigen, die die falschen Disziplinen praktizieren kann das Selbst realisiert werden. Das Selbst zeigt sich als der Meister der Liebe demjenigen, der die richtige Disziplin praktiziert."

Wenn wir wie Christus geben, dann müssen wir uns immer daran erinnern: *"Wenn du aber Almosen gibst, so lass deine linke Hand nicht wissen, was die rechte tut, damit dein Almosen verborgen bleibe; und dein Vater, der in das Verborgene sieht, wird dir's vergelten."* Mit anderen Worten, habe keine Hintergedanken. Denn, wie der Universelle Geist durch Edgar Cayce sagte: „Nur das, was du weggibst, besitzt du auch."

Der Christus ist immer friedvoll, glücklich, freudvoll und gleichmütig. Denn, heißt es in der Bibel nicht: *"Ein Betrübter hat nie einen guten Tag; aber ein guter Mut ist ein tägliches Fest."*

Um der Christus zu werden, muss man gewillt sein, zu opfern und Versuchungen zu widerstehen. Sagte Meister Jesus nicht: *"Sei getreu bis an den Tod, so will ich dir die Krone des Lebens geben."* Der Universelle Geist durch Edgar Cayce sagte auch: „Keine Versuchung hat dich eingenommen, außer diejenige, die dir bekannt ist. Und Gott ist treu; er wird dich nicht in Versuchung führen jenseits dessen, was du tragen kannst. Aber wenn du in Versuchung geführt bist, wird er auch für einen Weg heraus sorgen, damit du aufstehen kannst."

Wenn du dein Leben auf diese Weise führen wirst, dann wird Gott dir am Ende deines Lebens sagen: *„Dies ist mein Sohn/meine Tochter, an dem/der ich Wohlgefallen habe. Höre auf sie/ihn."* Am Ende deines Lebens kannst auch du sagen: *„Es ist vollbracht."* *„In deine Hände befehle ich meinen Geist."*

Meine geliebten Leser, Sananda, der Heilige Geist, der Universelle Geist und ich haben dir diese liebevollen Unterweisungen einiger der christusbewussten Ideale gegeben, die du in deinem Geist halten solltest, um den Christus und den Meister zu realisieren. Halte an ihnen fest wie ein „Ertrinkender, der nach Luft schnappt", denn, wenn du Gott mit einer solchen Leidenschaft und einem derartigen Enthusiasmus suchst, dann wirst du nicht nur Gott finden, sondern auch Christus und den Heiligen Geist. Viele denken, dass dies christliche Begriffe sind, das stimmt jedoch nicht. Es sind omniversale Begriffe, die in allen Religionen und spirituellen Wegen zu finden sind. Wenn du es bevorzugst, diese Aspekte Gottes anders zu nennen, dann ist dies in Ordnung. Im Hinduismus sagen sie Brahma, Vishnu und Shiva. Auf Hawaii nennen die Kahunas sie Ku, Kane und Kanola. Gott, Christus und der Heilige Geist kümmern sich nicht darum, wie du sie nennst, solange du erkennst, dass Gott existiert und dass Gott auf eine dreieinige Art existiert, die allen zugänglich ist. Der Sohn ist das

Sohnprinzip oder das Tochterprinzip, das eins ist. Wir alle haben uns inkarniert, um diese Sohn- oder Tochterschaft zu realisieren, die der Christus ist und dadurch werden wir zum Meister, wie der Meister Sananda/Jesus so vorbildlich aufzeigte. Dadurch werden wir eins mit dem Heiligen Geist, der die Stimme Gottes ist und so sprechen wir auch mit der Stimme Gottes. Wie Meister Jesus zu seinen Aposteln sagte, dass, wenn er sie verlassen würde, er ihnen Tröster und Berater schicken würde, die ihnen Wissen und Weisheit aus dem Fundament der Welt bringen würden. Gott, Christus und der Heilige Geist sprechen von der Sühne, der Transzendenz des Trennungsbewusstseins und des Bewusstseins, das auf Angst basiert. Bitte um die Hilfe von Gott, Christus und dem Heiligen Geist, wie auch von Sananda und allen Aufgestiegenen Meistern, Erzengeln und Engeln, Elohim-Meistern und christusbewussten Außerirdischen, wie auch von deinem eigenen Überbewusstsein, deiner Überseele und der mächtigen ICH BIN - Gegenwart. Denn das Leben ist ein mitschöpferischer Prozess und dies, meine Freunde, ist die „Rakete zu Gott, Christus und deiner letztlichen Meisterschaft und Herrschaft", die dein Schicksal, zu dem du wirst, ist. "Suchet und ihr werdet finden. Klopfet an und euch wird aufgetan." Es ist die aufrichtige Hoffnung der Geistigen Welt, von Sananda, den Meistern und mir, dass euch dieser Erfrischungskurs - Wie werde ich zum Christus und Meister - , so viel Freude bereitete wie uns, indem wir ihn mit euch teilten.

Es ist eine schwierige Aufgabe, ein völlig realisierter Christus zu werden, doch wie es in der Bibel heißt: "Ich vermag alles durch den, der mich mächtig macht." Vergiss niemals, dass du bereits der Christus bist, du befindest dich nur im Prozess der Wieder-Erkennung.

Als Jesus zuvor sagte: "dass in dem Namen Jesu sich beugen sollen aller derer Knie, die im Himmel und auf Erden und unter der Erde sind, und alle Zungen bekennen sollen...", dann bedeutet dies, dass alle Kreation nur der Körper Gottes ist. Es gibt nichts außer Gott. Der einzige Zweck der Inkarnation ist, Gott zu realisieren und Gott anderen zu bringen. Alles andere ist Illusion, meine Freunde. Es ist nicht nur Illusion, sondern, wenn du dies nicht tust, dann wirst du nur Leiden auf dich ziehen. Denkst du wirklich, dass das Glück durch die niederen Türen, die falschen Götter, alternativen Geliebten, Götzenverehrung und die niederen Perlen erreicht werden kann? Alles, was sie bringen, ist Leiden. Es ist dieses Leiden, durch das Suchen all der niederen Türen, *"das jedes Knie sich beugen und jede Zunge bekennen lässt."* So wie Jonas versuchte, vor Gott und seinem spirituellen Weg zu fliehen und im Bauch des Wales landete. Meine geliebten Leser, warum das Unausweichliche bekämpfen? Warum in der Illusion leben? Warum Leiden auf sich ziehen? Als Kind hast du kindliche Dinge getan, doch nun, da du ein Erwachsener bist, *„Tu das Geschäft deines Vaters."* Das Geschäft des Vaters ist, der Christus und Meister zu werden. Kann das Werden eines lebendigen vollkommen realisierten Christus, Buddha, Ewigen Selbst, Atma, der mächtigen ICH BIN - Gegenwart, Gottes und des Herrn und Meister der Welt im Dienst Gottes verglichen werden mit irgendeinem unbedeutenden, schwachen, niederen Gott, dem Geist des negativen Egos und dem Begehren des niederen Selbst? Diese Lektion wurde gegeben, um dich zu inspirieren, Gottes Armee zu folgen und all das zu sein, was du sein kannst. Denn, wie es in der Bibel heißt: *„Es ist Gottes Wille, dass keine Seele zu Grunde geht, sondern, dass sie das Leben immerwährend in Christus und als der Meister und Herr der Welt hat."* So steht es geschrieben! So soll es geschehen! Amen. Amen. Amen.

Kodoish, Kodoish, Kodoish Adonai Tsabayoth.

Heilig, heilig, heilig ist der Herr der Heerscharen!

Lektion 11

Sananda Gleichnis 1

„Das Himmelreich gleicht einem Menschen, der guten Samen auf seinen Acker säte..." Matthäus 13:24

SANANDA:

"Dieses Gleichnis, über das ich hier mit dir spreche, betrifft alle Menschen, die auf diesem Planeten Erde geboren wurden. Zuerst schlafen sie alle in ihrem Bewusstsein. Rechtzeitig wachen sie auf und finden sich selbst auf unterschiedlichen Arten des Bodens wieder. Dies wird dann zur spannenden Reise, bei der sie versuchen, wieder zu mir zurück zu gelangen. Sie suchen und suchen inmitten verschiedenster Umgebungen. Es gibt vier verschiedene Wege. Ich gab jedem Menschen den freien Willen. Es liegt an ihm, den wahren Weg zu wählen oder sich vom Weg fernzuhalten. Es ist mein Wunsch, dass alle Menschen letztendlich das wahre Himmelreich entdecken, in dem wir für immer regieren sollen. Doch es gibt Hindernisse, die auf jedem Boden gedeihen. Wenn du diese Gleichnisse siehst, dann ist es mein Wunsch, dass du entdeckst, wo du stehst und entscheidest, wohin du gehen willst. Ich gab dir die Richtung und die Mittel und selbst all die Werkzeuge, damit du deinen Weg findest. Die Zeiten heute sind anders als damals, als ich auf den staubigen Straßen von Judäa und Israel wandelte. Doch der Geist und die Herzen der Menschen blieben gleich. Die Situationen mögen sich etwas geändert haben, aber die Seele bleibt unverändert. Ich spreche nun zu dir, in diesem Neuen Zeitalter. Ich spreche zu dir, in der Tiefe deines Herzens. Ich spreche zum einfachen Menschen in Gleichnissen und Geschichten. Doch

derjenige, der das Verstehen hat, wird sehen und hören. Ich lehre nur durch meine Gleichnisse, ohne sie lehre ich nicht. Meine Methode enthält viel Weisheit. Und es befindet sich viel Wertvolles in meinen Wegen. Durch meine Gleichnisse erreiche ich die Einfachen wie auch die höchst Intellektuellen. Denn keiner kann entschuldigt werden, noch kann er behaupten, dass er nicht gelesen oder gesehen oder gehört und verstanden hat. Meine Gleichnisse sind für alle Generationen, die Vergangenen, die Gegenwärtigen und die Zukünftigen. Meine Gleichnisse sind von klassischem Wert, sowohl in der Form als auch vom Inhalt. Höre auf meine Worte:

1. Auf den ersten Boden wurde etwas Samen an den Wegesrand gestreut, welchen die Vögel aus den Lüften aufpickten. Der Samen konnte sich nicht verwurzeln, erlangte kein Wachstum und wurde zu keiner Pflanze. Befindest du dich hier? Haben meine Worte nie Wurzeln in dir geschlagen? Höre nun auf meine Worte und folge mir.

2. Auf dem zweiten Boden fiel der Samen auf Stein. Er konnte sich nicht verwurzeln und wachsen. Bist du einer von denen, die ihren Weg nicht gefunden haben?

3. Die dritte Art Boden ist der, auf den der Samen fiel, doch die Wurzeln und das Unkraut erstickten ihn. Solche Wurzeln und Unkraut sind die Sorgen der Welt; der Materialismus, der den Geist erstickt. Erstickt diese Anhaftung deinen Geist?

4. Doch der vierte Boden ist der fruchtbare Boden, auf den der Samen fiel und sich verwurzelte. Er wuchs und trug viele Früchte. Er brachte Früchte hervor, dreißig, sechzig bis einhundert Früchte. Dies ist der Boden, der meine Lehren hörte, sie aufnahm und sie anderen lehren kann. Dies repräsentiert den Lichtarbeiter für das Neue Zeitalter. Geh hin und tue es ebenso."

Meine geliebten Leser, dieses Gleichnis von Sananda/Jesus vom *„Menschen, der gute Samen säte"* ist natürlich eines der großartigen Gleichnisse und Geschichten des Neuen Testaments. Jeder Gedanke, den wir denken, ist ein Samen, der im Garten unseres Unterbewusstseins und in den Universellen Geist Gottes gepflanzt wird. Auf seltsame, mystische Art werden unsere Gedanken zu Dingen und in diesem Sinne ist das Leben nur die „Begegnung mit dem Selbst".

1)

Bei der ersten Form des Bodens wurden die Samen von den Vögeln der Lüfte aufgepickt. Luft ist das Symbol für den Geist. Wenn die Vögel nun die Samen aufpicken und in der Luft fressen, dann ist dies ein Symbol für „negatives Denken", das den Samen zerstört oder die Unfähigkeit, den Samen in den Boden zu „erden". Eine weitere Möglichkeit für den Mangel an Wachstum ist, dass der Samen die wenig substanzielle Natur der Gedanken ist. Zum Beispiel, während du schläfst, bekommst du eine großartige Idee, aber du schreibst sie nicht nieder und so vergisst du am Morgen, was es war. Der Samen konnte so nicht im Boden deines Bewusstseins und Unterbewusstseins keimen. Du meditierst und erlangst Einsicht, doch wenn du sie nach der Meditation nicht niederschreibst, vergisst du, was es war. Du fährst mit deinem Auto und hast plötzlich eine unglaubliche Idee, doch du schreibst sie nicht auf und vergisst sie später wieder. Dies erlaubt es den Vögeln, den Samen zu fressen, noch bevor er es in den Boden schaffte. Der Samen oder der Gedanke bleibt auf der mentalen Ebene, erreicht aber nie die emotionale oder physische Ebene, um zu keimen. Man erlaubt den Vögeln, die den symbolischen Aspekt des Selbst, der himmlisch fokussiert bleibt, darstellen, den Samen zu fressen; er erdet sich daher nicht psychologisch oder im irdischen Sinn. Die Vögel haben den Gedankensamen gefressen.

2) Bei der zweiten Form des Bodens landet der Samen auf Stein und nicht auf fruchtbarem Boden. In diesem Fall sind die Gedankensamen in der Lage, sich zu erden, sie landen aber auf dem steinernen Teil des Unterbewusstseins, welches die Teile unserer Gedankenkomplexe ausmacht, die nicht fruchtbar sind und die von daher das Wachstum dieser bestimmten Samen nicht erlauben. Was dann geschieht, ist, dass *3)* die Wurzeln und das Unkraut die Kraft dieses Samens ersticken und er so nicht wachsen kann. Das Unkraut und die Wurzeln sind die Programmierungen des negativen Ego und die unausgeglichenen Programmierungen im Bewusstsein und im Unterbewusstsein wickeln sich um diesen bestimmten Gedankensamen und ersticken jegliche Möglichkeit des christusbewussten Gedankensamens, so dass dieser nicht wachsen kann. Ein Beispiel für ein solches Unkraut oder solche Wurzeln könnten die Sorgen der materiellen Welt, der Anhaftungen, des Begehrens des niederen Selbst, schlechten Angewohnheiten, Süchte, Überidentifizierung mit den fünf Sinnen, Persönlichkeitsfokus, zu horizontal ausgerichtet sein und selbstkreierter Stress sein, welches die Steine, das Unkraut und die Wurzeln dieser dreidimensionalen Welt sind.

4) Bei der vierten Art des Bodens war der Boden fruchtbar und der Samen war in der Lage, zu keimen, zu wachsen und Früchte zu tragen. Dies gleicht der Johannes Offenbarung, in welcher der „Baum des Lebens" durch das „Wasser des Lebens" gewässert wird, die beide vom „Fluss des Lebens" genährt werden. Der Baum des Lebens bringt zwölf Mal im Jahr Frucht, jeden Monat einmal. Dies sind die Früchte des Geistes, deine spirituellen Christus-/Buddha-/Gottes-Qualitäten.

Es sollte zudem verstanden werden, dass es nicht nur positive Samen, sondern auch negative Samen gibt, die im Boden deines Bewusstseins und deines Unterbewusstseins und auch im Leben keimen können. Denn, wie der Universelle Geist durch Edgar Cayce sagte: „Gedanken sind Dinge" und „der Geist ist der Erbauer". Wenn man von der verbotenen Frucht des Baumes von Gut und Böse isst, dann kann man selbst noch mehr Unkraut und Korruption im Boden des Unterbewusstseins keimen lassen. Schau dir die Samen an, die Kain säte, als er seinen Bruder Abel tötete.

Wie Sananda/Jesus so meisterhaft aufzeigte, können wir die Lehren von Jesus, dem Christus, dem Heiligen Geist, den Aufgestiegenen Meistern, Gott, dem Überbewusstseins, unserer Überseele, unserer mächtigen ICH BIN - Gegenwart und den Erzengeln und Engeln nur aufnehmen, wenn wir den „fruchtbaren Boden in unserem Bewusstsein" erschaffen. Ein Beispiel dafür ist, als Jesus sagte: *"Oder wie kannst du sagen zu deinem Bruder: Halt, ich will dir den Splitter aus deinem Auge ziehen, und siehe, ein Balken ist in deinem Auge?"* Die Vögel (nur spirituell oder himmlisch fokussiert), die Balken, die Steine, das Unkraut, die Wurzeln, das Übermaß an Wasser (Überemotionalität), das negative Ego mit seinem angstbegründeten, trennenden Denken und Fühlen, das Opferbewusstsein, die Überidentifizierung mit Materie, die schlechten Angewohnheiten, Süchte, übermäßiges Verlangen des Appetits und der fünf Sinne, das Begehren des niederen Selbst, das limitierte Sehen durch einen Filter statt dem Sehen mit dem breit gefächerten Bewusstsein, Anhaftungen, der tote Winkel, der verschlossene Geist, Rechthaberei, Selbstgerechtigkeit, Besserwisserei, Verurteilungen, Unausgeglichenheit und Mangel an Integration, Massenbewusstsein, fehlerhafte spirituelle Psychologie, fehlerhafte Glaubenssysteme, fehlerhafte Philosophie, Mangel an Ausgeglichenheit der Chakren, Mangel an Ausgeglichenheit und Integration in den Strahlen, Unausgeglichenheit der dreifaltigen Flamme, Überidentifizierung und Unteridentifizierung mit bestimmten Archetypen, Yin und Yang-Unausgeglichenheit, Himmel und Erde-Unausgeglichenheit und der Mangel an spirituellem

141

Christus-/Buddha-/Gottesbewusstsein sind alles Beispiele dafür, was den Boden deines Bewusstseins unfähig macht, fruchtbar gegenüber den Lehren von Gott, Christus, dem Heiligen Geist und den Aufgestiegenen Meistern zu sein, die durch alle Religionen, spirituellen Wege, alle spirituellen Lehren, spirituellen Texte, alle Gurus, alle mystischen Schulen und alle Seelen, auf welchem Weg sie sich auch befinden, wirken.

Die große „Kette des Lebens" besagt, dass der erste Schritt darin besteht, die „christusbewussten Lehren" in dich selbst aufzunehmen, zu integrieren, zusammenzufassen, zu verdauen, anzuwenden, zu sein, zu demonstrieren, zu praktizieren und zu verkörpern und dann folgt die Aufgabe des "Menschenfischers." Denn, sagte der Meister nicht: *„Kommt und folgt mir nach und ich werde euch zu Menschenfischern machen. Und geradewegs verließen sie ihre Netze und folgten ihm."*

Die großartige Lektion hier ist, dass, wenn dein Bewusstsein den Lehren von Gott, Christus, dem Heiligen Geist, Sananda und den Aufgestiegenen Meistern gegenüber fruchtbar geworden ist, dann wirst du Früchte tragen und dein Rebstock wird Zweige wachsen lassen und diese Zweige werden erblühen und Früchte tragen. Du wirst wie der Baum des Lebens sein, der vom Wasser des Lebens versorgt wird, der von Gottes Fluss des Lebens genährt wird. Zwölf Mal im Jahr, in jedem Monat ein Mal, wird dein Baum Früchte tragen und der nächste Schritt wird sein, wie Sananda so eloquent sagte, diese Früchte den anderen zu geben. Mit anderen Worten, teile deine christusbewusste Natur und deine christusbewussten Qualitäten und Energien mit anderen. Sei zu Diensten, *„denn der Größte unter euch ist der Diener aller"*. Ein Mensch der dritten Dimension nimmt den Dienst als etwas für einen anderen zu tun wahr, doch in Wahrheit bist du selbst die Person, der du am meisten hilfst. Denn der einzige Weg, um Gott zu erlangen, ist, Gott zu geben. Wie der Universelle Geist durch

Edgar Cayce sagte: „Nur das, was weggegeben wurde, besitzt du."
Wie Jesus in *Ein Kurs in Wundern* sagte: „Um alles zu haben, gib allen
alles." Das, was du einem Bruder oder einer Schwester vorenthältst,
das enthältst du in Wahrheit dir selbst vor. Denn in Wahrheit gibt es
nur einen Sohn, einen Christus, eine Christusschaft und wir sind alle
Teil dieser Identität. Unsere Brüder und Schwestern sind
Inkarnationen Gottes, so wie wir es auch sind. Was immer wir ihnen
geben, das geben wir Gott und uns selbst. Denn es gibt nur ein Wesen
im unendlichen Universum und das ist Gott. Es gibt kein anderes
getrenntes Wesen außer ihm. Wie Meister Jesus sagte: *„Gott wird dich
so behandeln, wie du deine Brüder und Schwestern behandelst."* Dies ist das
große Gesetz, denn es ist alles eins, Gott, die Söhne und Töchter Gottes
und der Heilige Geist und das materielle Universum. Es ist alles Gott.
Wie es in der Bibel heißt: *„Wir leben und bewegen uns und haben unser
Sein in Gott."* Wir sind die Inkarnationen Gottes und wir leben in Gott.
Alle Tiere, Pflanzen, Mineralien, Steine, Planeten, das materielle
Universum, die Sterne, alle Dimensionen und Häuser sind ebenfalls Gott.

Der Schlüssel ist, dieses großartige Gesetz des Gebens zu verstehen,
welches Sananda/Jesus hier so brillant lehrt und durch Beispiele
erläutert hat. Um Freunde zu haben, müssen wir Freundschaft geben.
Um Liebe zu haben, müssen wir Liebe geben. Um Wohlstand zu
haben, müssen wir Wohlstand geben, denn, wie der Universelle Geist
durch Edgar Cayce sagte und wie ich umschrieb: „Um selbst
wohlhabend zu sein, müssen wir jemandem helfen, wohlhabend zu
werden." Viele Menschen in dieser Welt verstehen dieses großartige
Gesetz nicht. Sie sehen sich selbst und das Leben durch einen
kindlichen und egoistischen Filter. Ich habe es nirgends besser
zusammengefasst gehört als im Channeling des Universellen Geistes
durch Edgar Cayce, als er sagte: „Wie du vergibst, so wird dir
vergeben werden. Wie du dich ärgerst, so wird man sich über dich

ärgern... Wie du gibst, so wird dir gegeben werden. Nur das, was du weggegeben hast, das besitzt du. Was du verlierst, das war nie deins. Was du gewinnst, ist eine Möglichkeit. Was du besitzt, das ist nicht deins, es sei denn, du nutzt es als Mittel für deinen Mitmenschen... Denn diejenigen, die das Leben, die Liebe, Hoffnung, Glauben, brüderliche Liebe, Freundlichkeit, Sanftmut und Gnade haben wollen, müssen diese Dinge denjenigen zeigen, die sie auf ihrem Lebensweg antreffen... Wenn du Vertrauen in dich selbst setzen möchtest, dann halte Ausschau nach anderen und vertraue ihnen... Ja, indem du andere heilst, heilst du dich selbst... Verringere die Fehler der anderen, wenn du möchtest, dass andere die Fehler in dir verringern. Verstärke die Tugenden, wenn du deinen Vater, deinen Gott, erlangen möchtest; verstärke deine Gaben, deine Tugenden, in den Beziehungen mit anderen... Derjenige, der sich selbst erniedrigt, der wird erhöht werden... So wie du möchtest, dass dir Gnade zuströmt, zeige denjenigen deine Gnade, die dich trotzdem ausnutzen... Höre auf, die Fehler der anderen zu registrieren und die anderen werden aufhören, in dir Fehler zu sehen... Was wir säen, das ernten wir... Wenn du kritisierst, dann musst du damit rechnen, kritisiert zu werden... Diejenigen, die Kooperation wollen, müssen kooperieren, indem sie von sich selbst geben, damit dies geschehen kann... Nur das, was du anderen gelehrt hast, kannst du selbst verstehen... Es gedeiht und blüht zur Erfüllung im Leben der anderen... Wenn du glücklich sein willst (das ist das Gesetz), musst du andere glücklich machen. Du kannst das Glück nicht erfahren, bevor du nicht erfährst, dass du das Glück, die Hoffnung und die Freude in die Erfahrung eines anderen gebracht hast."

Meine geliebten Leser, ich beende nun diese Lektion der Geistigen Welt, Sanandas, der Meister und mir, um „das Bewusstsein fruchtbar zu machen" gegenüber den Lehren von Gott, Christus und dem Heiligen Geist. Entferne alle Vögel, Steine, jegliches Unkraut, überflüssiges Wasser und Wurzeln aus dem Boden deines Bewusstseins und Unterbewusstseins, die dich davon abhalten, deine Zweige des Baum des Lebens und des christusbewussten Rebstocks, von denen du stammst, wachsen zu lassen und viele Früchte zu tragen. Wenn du einmal in der Lage bist, diese Frucht in dir wachsen zu lassen, dann „gib den anderen". Werdet Menschenfischer, denn aus diesem Grund seid ihr gekommen, um den Himmel auf die Erde zu bringen und um zu helfen, das Leiden zu lindern, Erleuchtung zu bringen und zu helfen, das Neue Jerusalem und das Siebte Goldene Zeitalter auf der Erde zu kreieren. Wir sind die Lichtbringer und die Wissens- und Weisheitsüberbringer für das neue Wassermannzeitalter. Vergiss niemals, dass wir nur durch Geben etwas besitzen können. Um Gott zu haben, müssen wir Gott geben. Um mit Gott im Himmel zu sein, müssen wir wie Gott auf Erden handeln.

Dies ist das großartige Gesetz. Behandelt die Alkoholiker in den Gossen und die Materialisierung Sanandas auf Erden gleich, denn sie sind beide der Christus. Denn, wie Yogananda sagte: „Ein Heiliger ist ein Sünder, der niemals aufgab." Schau mit deinen spirituellen Augen und nicht mit den Augen der dritten Dimension. Schau mit allen deinen sieben Augen in Integration und Ausgeglichenheit, damit du eine effektive Wahrnehmung der Realität auf allen Ebenen entwickeln kannst. Du kannst so das himmlische Ideal und die reale Welt simultan sehen und in beiden Welten effektiv leben. Am meisten jedoch erkenne, dass Gott dich so behandeln wird, wie du andere behandelst. Dies ist es, warum das ganze Gesetz wie folgt zusammengefasst werden kann: *„Der Herr, dein Gott, ist eins! Liebe den Herrn, deinen Gott, mit ganzem Herzen, aus ganzer Seele und mit ganzem Geist und aus aller Kraft und liebe deinen Nächsten wie dich selbst."* Das Gesetz kann auch folgendermaßen bezeichnet werden: *„Behandle die anderen so, wie du möchtest, dass sie dich behandeln."* Dies sind nicht nur wunderschöne Worte, dies ist es, wie das universelle Gesetz Gottes wirklich funktioniert. Am Tage des Gerichts, oder was ich den „spirituellen Erkennungstag" nenne, am Ende des Lebens werden wir alle durch die „dreitägige Bardo-Erfahrung" gehen. Es ist nicht wirklich Gott, der uns spirituell erkennt oder beurteilt, es ist eher so, dass wir alle selbst auf unser Leben zurückblicken werden hinsichtlich des christusbewussten Ideals, ob wir uns selbst, unsere Brüder und Schwestern und Gott nach diesem christusbewussten Ideal behandelt haben. Wenn nicht, dann werden wir dafür nicht verurteilt, doch die Lektionen, die nicht gelernt wurden, müssen in einer zukünftigen Inkarnation oder auf der inneren Ebene, falls genug Lektionen gemeistert wurden, um Promotion und Befreiung vom Rad der Wiedergeburt zu erlangen, gelernt werden. Das Erdenleben ist ein Prozess des „sich selbst begegnens", entweder durch Gnade oder durch Karma. Entweder durch die einfache Art oder durch harte Schläge. Unser eigenes Höheres Selbst und Überbewusstsein, Gott, Christus und der Heilige Geist, die Aufgestiegenen Meister, die Erzengel und Engel, die christusbewussten Außerirdischen, die Elohimmeister, unsere eigene Überseele und die mächtige ICH BIN - Gegenwart und die gesamte Schar des Himmels helfen und führen uns und zu Zeiten geben sie uns spirituelle Aufgaben und Lektionen, um unseren Charakter zu formen, wie ein japanischer Gärtner unbeirrbar und doch so sanft die Zweige eines Bonsaibaums formt. Jeder Mensch auf Erden hilft durch "die Begegnung mit dem Selbst" auf Erden und dem großartigen Gesetz von Ursache und Wirkung, durch die Gnade und die bestimmten entwickelten Prüfungen und Lektionen, die von höheren Kräften der Weisheit und des Wissens gegeben wurden, jedem anderen Menschen das Christusmuster in sich auszubilden. Wie der Universelle Geist sagte: „Jesus war der Mensch, Christus das Muster." Jesus sagte: *"Wer an mich glaubt, der wird die Werke auch tun, die ich tue, und er wird noch größere als diese tun; denn ich gehe zum Vater."*

Sananda/Jesus und die anderen Aufgestiegenen Meister zeigten uns den Weg, die Wahrheit und das Leben und wir alle müssen unser Bewusstsein für diese großartigen Lehren fruchtbar machen, andernfalls ziehen wir am Ende nur Leiden, Durst und Hunger auf uns. Denn, nichts außer dem Wasser des Lebens, dem Brot des Lebens und dem Fluss des Lebens bringt uns jemals Glück. Warum Zeit vergeuden und sich auf diese alternativen Geliebten einlassen, die nur flüchtige Momente des Glücks bringen, wenn der göttliche Geliebte des unendlichen Universums, Gott, auf dich wartet, damit du dich an ihn erinnerst. Gott hat bereits das Hochzeitsbankett vorbereitet. Der verlorene Sohn und die verlorene Tochter sind immer zu Hause willkommen. Es ist nur eine Sache der Entscheidung zwischen der Christustür und den niederen Perlen. Es ist nur eine Sache der Entscheidung zwischen der kostbaren Perle und den niederen Perlen. Es ist nur die Entscheidung zwischen Gott und seiner Kreation. Es ist nur die Entscheidung zwischen Gott und den niederen Göttern. Um dies zu erreichen, müssen wir uns willig, so wie es Jesus tat, auf das Kreuz nageln lassen, was bedeutet, dass wir das Selbst oder das kleine Selbst oder das negative Ego und das Begehren des niederen Selbst symbolisch kreuzigen und ablehnen. *nein! umerziehen! fierce compassion!*

Es ist die Entscheidung des spirituellen Christus-/Buddha-/Atma-/Ewiges Selbst-Krishna-/Moses-/Gottes-Muster über das Muster des negativen Egos mit seinem angstbegründeten, trennenden Denken. Wie Josua/Jesus sagte: „*Wählt, wem ihr dienen wollt.*" Bringt das negative Ego und das niedere Selbst und das fleischliche Selbst wirklich das, was du willst? Willst du den Fall von Adam und Eva und die Vertreibung aus dem Garten Eden oder möchtest du zum Baum des Lebens, der vom Wasser des Lebens und dem Fluss des Lebens genährt wird, werden und zwölf Mal im Jahr, in jedem Monat ein Mal, Früchte tragen, was bedeutet, dass du zum lebendigen Christus auf

Erden geworden bist. Möchtest du die Krone des Lebens oder die Dornenkrone? Möchtest du die Auferstehung oder den Fall? Möchtest du Mutter Maria, die auf dem Mond steht mit ihrer Krone aus 12 Sternen und die schwanger ist mit dem Christuskind oder möchtest du die Hure von Babylon? Wähle, wem du dienen willst. Wenn wir die Gesetze Gottes nicht befolgen, dann ziehen wir nur Leiden auf uns. Es ist nicht Gott, der Leid verursacht, sondern es ist unsere Nichtbefolgung der Gesetze Gottes und des Christusmusters, was das Leiden bringt. Wir alle werden die Lektion über den „Tag der Gerichts" wieder lesen. Die Geistige Welt, Sananda und die Meister und ich geben dir ein fortgeschrittenes Konzept an diesem Tag des Herrn, damit du an deinem Tag des Gerichts sagen kannst: *„Es ist vollbracht."* Du hast dich von Adam und Eva hin zum realisierten Christus in diesem Leben, so wie es Jesus tat, entwickelt. Dieses fortgeschrittene Konzept der Lektion über den Tag des Gerichts wurde dir gegeben, damit du an diesem Tag die Worte Gottes hören kannst: *„Dies ist mein Sohn/meine Tochter, an der ich Wohlgefallen habe."* Dies sind die Worte, die Meister Jesus im Fluss Jordan, als er von Johannes dem Täufer getauft wurde und am Ende seines Lebens hörte. Würdest du nicht auch gern deine spirituelle Reise in diesem Leben von Adam zum Christus und von der gefallenen Eva und dem verbotenen Apfel hin zu Mutter Maria, die auf dem Mond steht mit der Krone aus 12 Sternen, beenden? Dies ist es, was dir hier mit diesen Büchern angeboten wird, wenn du dir die Zeit nimmst, sie zu lesen, zu studieren, zu integrieren, zusammenzufassen, anzuwenden, zu praktizieren, zu sein, zu demonstrieren und, am wichtigsten, sie zu verkörpern. Lies sie, um es zu erfassen. Studiere sie, um weise zu sein. Praktiziere, demonstriere und verkörpere sie, um zum „integrierten Aufgestiegenen Meister", dem ICH BIN Meister und dem christusbewussten Wesen, zu dem du berufen bist, zu werden.

So steht es geschrieben! So soll es geschehen!

Lektion 12

Sananda Gleichnis – 2

„Wiederum gleicht das Himmelreich einem Kaufmann, der gute Perlen suchte..." Matthäus 13:45

„Wiederum gleicht das Himmelreich einem Kaufmann, der gute Perlen suchte, und als er eine kostbare Perle fand, ging er hin und verkaufte alles, was er hatte und kaufte sie."

SANANDA:

"Heutzutage würde der Mensch alles für das, was von höchstem Wert ist, verkaufen. Er würde ungewöhnliche Opfer jeglicher Art bringen, um etwas, worauf sein Geist versessen ist, zu haben. Er zählt nicht die Mühen, den Schweiß, noch die Tränen. Aber zum größten Teil sind dies normalerweise materielle Dinge und es ist der materielle Wohlstand, auf den er sich konzentriert. Solche Dinge halten nicht für immer. Ich habe die Menschen ermahnt, keine Schätze auf der Erde zu erbauen, wo sich der Staub ansetzen wird oder die Motten sie fressen können, sondern die Schätze im Himmel zu errichten, die für ewig halten werden. Denn die Dinge dieser Welt sind im Nu für immer verschwunden. Das, was für immer währt, ist von spiritueller Natur. Die Dinge dieser Welt sind nicht nur Gold und Silber, sondern auch Ruhm, Ansehen, selbst Möglichkeiten. Der Mensch sollte loslassen und der spirituellen Nichtanhaftung erlauben, ihn zu kontrollieren.

Ich spreche zu dir, mein geliebter Nachfolger vom 21. Jahrhundert. Lass dich nicht von den Reichtümern dieser Welt zum Narren halten. Du musst deine Augen öffnen, zu sehen und deine Ohren, zu hören. Denn es gibt heute sehr viel spirituelle Täuschung und selbst falsche Lehrer und spirituelle Tiere, die Opfer als Beute suchen. Es gibt auch ehrgeizige Lehrer, falsche Gurus, spirituelle Diktatoren und widersetzliche spirituelle Führer, die nur sich selbst suchen und bereit sind, ihren Stolz zu nähren. Ich sage dir heute, in dieser Zeit, in der du lebst, wirst du zum Narren gehalten und getäuscht werden bis zu dem Punkt, an dem du erkennen wirst, dass dies nicht die wahre Perle ist. Du wirst von der Fälschung, die wie glänzende Edelsteine und künstliche Perlen wirken, hinweggeführt. Du musst lernen, mit dem Herzen zu sehen.

Mein Geliebter, hör auf die Stimme der Geistigen Welt, selbst wenn du in dieser Welt, aber nicht von ihr bist. Bitte um die Weisheit, die deine Sicherheit sein wird. Suche nach dem, was vom aufrichtigen Geist kommt und es soll dir gegeben werden. Erschaffe in dir ein sauberes und reines Herz, das nichts Böses kennt. Rufe meinen Namen, den Namen über allen Namen, und ich werde dein Schutzschild sein. Rufe den Allmächtigen an, seine Engel, die ganze Himmelsschar und alle Meister, welche die Prüfungen der Zeit bestanden haben. Ich werde dich weder enttäuschen, noch werde ich dich verlassen; ich werde da sein in deinem Flehen. Dann wirst du das Himmelreich sehen und es wird für immer dein sein."

Sananda/Jesus offenbart hier den Schlüsselpunkt aller Gleichnisse. Möchtest du den einen großen Schatz, der Gott ist, oder möchtest du die kleinen vorübergehenden Schätze? Kann irgendetwas mit Gott gleichgestellt werden? Wenn du Gott erkennst, bist du buchstäblich alles und hast alles. Wie es in der Bibel heißt: „Trachtet zuerst nach dem Reich Gottes und alles andere wird euch zufallen." Es ist buchstäblich ein Verschmelzen mit dem Unendlichen. Und doch verbringen die

Menschen ihr Leben auf Erden damit, im Vergleich zu Gott nach Sandkörnchen zu suchen. Wenn jemand stirbt, dann kann er nichts von der Erde mit sich nehmen, warum also Zeit mit dem Unbeständigen vergeuden? Warum nicht seine Energie in das Beständige und Ewige investieren?

Wenn man in falsche Schätze der Erde investiert, dann investiert man in Verblendung, Illusion, Maya, Leiden, Durst, Hunger, Trennung, Angst, das niedere Selbst, das niedere Leben, die Dunkelheit, Babylon, Mammon, das Biest, den Drachen, 40 Jahre in der Wüste, alternative Geliebte, falsche Götter, Götzen und Idole, niedere Perlen, niedere Götter, falsche Türen, den Leopard mit den sieben Köpfen und zehn Hörnern, das zweihörnige Biest, ehebrecherische Geliebte, den fleischlichen Rausch, den Abgrund, die 33 Todsünden, alten Wein, den Tod, das Bewusstsein der Pharisäer und Sadduzäer, Satan, Luzifer, Reinkarnation, das Kennzeichen des Biestes, Sodom und Gomorrha, Golgotha, das Bewusstsein des Esau, das Bewusstsein des Pharao, das Goldene Kalb, die Schlange, die Hölle, die verbotene Frucht, den zweiten Tod, die Sterblichkeit, die Blindheit, die sieben Plagen und die sieben Schalen des Zorns, welche die unentwickelten Chakren darstellen, um hier nur einige zu nennen.

es gibt auch den hl. Zorn

Wenn du die kostbare Perle als deinen einzigen Schatz und Gott als deinen einzigen Geliebten wählst, dann erlangst du das Ewige Leben, die Einheit mit Gott und seiner Schöpfung, bedingungslose Liebe, Christus, den Heiligen Geist, dein Überbewusstsein, deine mächtige ICH BIN - Gegenwart, die Aufgestiegenen Meister, die Erzengel und Engel, die christusbewussten Außerirdischen, die Elohimmeister, spirituelles Wachstum, die aufgestiegene Kundalini, du wirst zum Christus, du wirst zum Lamm Gottes, du erhältst die Weisheit des Salomon, das Gelobte Land aus Milch und Honig, dir wird der Zutritt ins Himmelreich und in das Reich Gottes gewährt, den Garten Eden, den Thron Gottes, den neuen Wein des Metatron, das Siegel Gottes auf deiner Stirn, die Schriftrolle Gottes, die 33 himmlischen Tugenden, göttliche Ekstase, das Tao, deinen Namen im Buch des Lebens, die sieben goldenen Leuchter und Kirchen für deine Chakren und die Öffnung deiner sieben Siegel, das Neue Jerusalem, die Auferstehung, die Transformation, den Aufstieg, die Übertragung, die Meisterschaft, die Erleuchtung, die Promotion, die Befreiung, die Erlösung, du bekommst den Baum des Lebens, die Früchte vom Baum des Lebens, den Fluss des Lebens, das Brot des Lebens, die 12 Sterne in deiner Krone und du wirst auf dem Mond und in Gott stehen.

Meine geliebten Leser, gibt es wirklich eine Wahl? Wenn dies klar erläutert ist, dann müsste man verrückt sein, wenn man etwas anderes als die kostbare Perle wählen würde. Es ist wichtig zu verstehen, dass das negative Ego verrückt ist, was der Grund dafür ist, dass du dich davon lösen und es überschreiten musst, damit du Gott realisieren kannst.

Wie könnte irgendjemand sich davon abwenden, der Baum des Lebens, der vom Wasser des Lebens versorgt wird, welcher vom Fluss des Lebens genährt wird, zu werden, seinen Namen im Buch des Lebens einzutragen, das Siegel Gottes auf seiner Stirn zu tragen, auf dem Mond mit 12 Sternen in der Krone zu stehen, alles zu werden und zu haben, die sieben goldenen Leuchter für seine Chakren zu erlangen und die Auferstehung und das Ewige Leben zu erreichen?

Könnte irgendjemand mit seinem gesunden Menschenverstand den Baum von Gut und Böse, die verbotene Frucht, das Kennzeichen des Biestes, die sieben Schalen des Zorns, die sieben Plagen, das Bewusstsein von Babylon und Sodom und Gomorrha, die Schlange, das Bewusstsein des Esau, den Mammon anstatt Gott, das negative Ego anstatt den Heiligen Geist, Satan anstatt Christus, Illusion anstatt die Wahrheit, Kain anstatt Abel, Babylon anstatt das Neue Jerusalem, eine Dornenkrone anstatt der Krone des Lebens, den Fall anstatt der Auferstehung, das niedere Selbst anstatt des Höheren Selbst, den niederen Geist statt das Überbewusstsein, die Dunkelheit statt dem Licht, das Biest und den Drachen anstatt das Lamm Gottes, Judas anstatt Petrus, Jezebel anstatt Mutter Maria, 40 Jahre in der Wüste anstatt das Gelobte Land, König Saul oder König David, die Jakobsleiter oder den Abgrund, das Königreich der Erde statt dem Himmelreich, den Fürst der Dunkelheit statt dem Friedensfürst, das Bewusstsein des Pharao statt das von Moses, die Überidentifizierung mit Materie statt der Auferstehung, die Schlange statt der Taube, die Trennung statt das Einssein, Adam und Eva statt Jesus Christus und Mutter Maria oder Blindheit statt spiritueller Sicht wählen?

Mein geliebter Leser, siehst du nicht, wie absurd der Geist des negativen Egos ist? Ist es nicht schwierig zu glauben, dass so viele Seelen auf der Erde die niederen Perlen über die eine große kostbare Perle stellen? Die Frage, die wir uns stellen müssen, ist, wie kann das sein? Die Antwort ist einfach: „Bewusstsein". Wir sehen nicht mit unseren Augen, sondern mit unserem Bewusstsein. „Es ist der Geist, der zum Christus führt." Der Grund, warum die Menschen nicht *„die Augen haben, zu sehen und die Ohren, zu hören"* ist, weil sie nicht darin ausgebildet wurden. Das ist der Grund für dieses und die weiteren Bücher. Wenn man den Prozess wirklich versteht, und es ist sehr einfach, ihn zu verstehen, und die Entscheidungsmöglichkeit gegeben ist, dann würde niemand mit seinem gesunden Menschenverstand jemals die niederen Perlen über die kostbare Perle stellen. Das Problem jedoch ist, dass die Hälfte der Welt schläft und ein Großteil der anderen Hälfte den Lehren falscher Propheten, falscher Lehrer,

153

zersplitterten Lehren, den Lehren des begrenzten Filtersehens, Kultlehren, Lehren von zwielichtigen Meistern und den Lehren, welche die Missverständnisse und Missinterpretationen des negativen Ego beinhalten, folgen. Daher müssen wir selbst zu Wissens- und Weisheitsüberbringern werden, damit wir andere ausbilden können. Wenn man einmal den Menschen die Lehren auf einfach zu verstehende Art aufzeigt, wie es in diesen Büchern der Fall ist, dann wird jeder Gott wählen. Aus diesem Grund wünschen die Geistige Welt, Sananda und die Meister sich 144000 spirituelle Wissens- und Weisheitsüberbringer und Lichtarbeiter, welche diese Bücher studieren, integrieren und die Lehren selbst verkörpern, damit sie dann in die Welt hinaus gehen können, um sie zu lehren. Dies wird dabei helfen, den Aufstiegs-Quantensprung zu erlangen, von dem die geliebte Quan Yin in ihrem Buch sprach. Dies wird dabei helfen, den neuen Wein, von dem Metatron sprach, herzustellen. Dies wird dabei helfen, das Realisieren des Christus, von dem Sananda in diesem Buch spricht, zu erlangen. Es wird dich zudem befähigen, danach zu streben, deine 22 Ebenen der Einweihung und 22 Ebenen der Lichtkörper zu erlangen und zum „integrierten Aufgestiegenen Meister", zur „ICH BIN Meisterschaft" und zum „integrierten spirituellen Meister" zu werden, von denen es bisher nur acht auf diesem Planeten gibt. Die Geistige Welt, Sananda, die Meister und ich streben danach, „integrierte spirituelle Meister zu ernten", um die großartige Arbeit zu leisten, den Himmel auf Erden zu bringen und das Neue Jerusalem auf dieser Erde zu gründen, damit wir das Siebte Goldene Zeitalter vollständig auf diesen Planeten einbringen können.

Meine geliebten Leser, integriert, verkörpert, wendet an, gebt weiter und teilt diese Arbeit mit anderen. Diese Bücher sind die „kollektiven Offenbarungen für das Neue Zeitalter und die nächste 400-jährige Zeitspanne". Sananda hilft in diesem Buch, wie er es vor 2000 Jahren tat, um zusammen mit den anderen Meistern und meiner Wenigkeit diese neuen Offenbarungen für die nächste 2000-jährige Periode des Wassermannzeitalter zu überbringen.

Wie Sananda so eloquent sagte, gebt euch nicht mit den gefälschten Diamanten, gefälschten Edelsteinen, gefälschten Kristallen und künstlichen Perlen zufrieden. Dies ist, wie es in der Bibel heißt: *"Weh euch, Schriftgelehrte und Pharisäer, ihr Heuchler, die ihr seid wie die übertünchten Gräber, die von außen hübsch aussehen, aber innen sind sie voller Totengebeine und lauter Unrat!"* Gott bietet dir buchstäblich alles im Himmel und auf Erden an und etwas anderes als dies zu wählen setzt Schmerzen und Leiden fort, denn der einzige Zweck des Lebens ist es, Gott zu realisieren und ihm zu Diensten zu sein.

Wissens- und Weisheitsüberbringer müssen spirituell viel anspruchsvoller sein. Sie dürfen nicht falschen Propheten, falschen Lehren, unreinen Channels, Wölfen in Schafspelzen, zerteilten und zersplitterten Lehren oder den Lehren des begrenzten Filtersehens zum Opfer fallen. Wenn du die Wahrheit findest, dann bleibe bei ihr und verwirre deinen Geist nicht mit zerteilten und zersplitterten Lehren, die dich nur noch weiter verwirren werden. Man muss lernen, nicht nur mit dem Herzen zu sehen, wie der Meister des Herzens Sananda sagte, sondern auch frei vom Denken und Fühlen des negativen Egos zu sein. Du musst lernen, frei vom Denken des begrenzenden Filters zu sehen. Du musst lernen, frei vom unausgeglichenen und vom unintegrierten Denken zu sehen. Du musst lernen, mit deinen spirituellen Augen zu sehen und nicht mit den dreidimensionalen Augen. Du darfst nicht urteilen und brauchst spirituelle Unterscheidungskraft. Diese Bücher sind bescheiden gesagt der beste Weg auf dem Planeten, dein Bewusstsein zu verbessern und zu entwickeln und dein Drittes Auge zu öffnen. Sie sind zudem der

des peleuterte Ego kann gut interpriert werden

155

schnellste Weg und die Rakete zu Gott und zum Aufstieg. Die Welt braucht verzweifelt deine Hilfe. Deine erste spirituelle Mission ist aber, das zu werden, was du lehren willst. Kümmere dich um des Vaters Geschäft und lese, studiere, wende an, fasse zusammen, integriere, verdaue, praktiziere, sei, demonstriere und verkörpere all das, was du lernst und dir wird noch mehr gegeben werden. Du lehrst das, was du lernen willst. Durch das Weiterreichen dieser Informationen wirst du integrieren und lernen, diese Informationen als einen integralen Teil deiner Selbst zu verarbeiten. Die spirituelle Welt, Sananda, die Meister und ich suchen 144000 integrierte Aufgestiegene Meister, ICH BIN Meister und integrierte breit gefächerte christusbewusste Wesen, welche die „großartige Arbeit" der Erlösung der Menschheit ausführen und das Himmelreich auf die Erde bringen werden. Gibt es Freiwillige? yes

Wenn du mit Ja geantwortet hast, dann „Kümmere dich um das Geschäft des Vaters" und mach dich an die Arbeit, diese Informationen zu studieren, zu integrieren und zu verkörpern und sie mit anderen zu teilen und allen deinen Freunden, deiner Familie und deinen Schülern davon zu erzählen. Zusammen, Hand in Hand, Schulter an Schulter, Herz an Herz, Geist an Geist, Seele an Seele, werden wir alle zusammenhelfen, den Planeten Erde zu einem „strahlenden Diamanten und Gottesstern" zu machen, zu dem, wozu der Planet bestimmt war.

So steht es geschrieben! So soll es geschehen!

Lektion 13

Sananda Gleichnis – 3

„Das Himmelreich gleicht einem Senfkorn..." Matthäus 13:31

„Das Himmelreich gleicht einem Senfkorn, das ein Mensch nahm und auf seinen Acker säte; das ist das kleinste unter allen Samenkörnern; wenn es aber gewachsen ist, so ist es größer als alle Kräuter und wird ein Baum, so dass die Vögel unter dem Himmel kommen und wohnen in seinen Zweigen."
Matthäus 13:31

SANANDA:

"Meine geliebten Nachfolger, lasst euch weder von euren Augen noch von euren Ohren täuschen. Lasst euch weder von der Größe noch vom Maß zum Narren halten. Seid nicht überrascht, wenn etwas klein ist. Der eine kann pflanzen und der andere kann bewässern. Aber nur ich bin es, der Wachstum ermöglicht. Ein Senfkorn ist in der Tat klein, aber mit meinem Atem und meinem Sein kann ich Wunder wirken. Dein Glaube ist in Wahrheit noch so klein, doch ich benötige nur die Größe eines Senfkorns. Dann schau und sieh, wie es wächst.

Heutzutage werden die Menschen nur von großen und massiven Dingen beeindruckt. Durch Eindruck, prahlende Worte, eine laute Stimme oder großartige Zeiten. Aber ich sorge mich nur um die kleinen Dinge im Leben und ich kann die Herzen der Menschen sehen. Nichts kann mich beeindrucken. Doch das stetige Mühen mit großem Glauben gewinnt mein Herz. Ich kann Viel mit Wenig erschaffen. Vergiss dies nicht. Dein kleiner Schritt zu mir wird zum riesigen Schritt in meinen Augen. Mein riesiger Schritt kommt durch die vielen kleinen Bemühungen deinerseits, um mein Herz zu gewinnen. Denn ich bin denen mit bescheidenem und demütigem Herzen nah. Ich bin den kleinen und verschmähten, den verlassenen und denjenigen mit gebrochenem Herzen nah.

Habt keine Angst. Denn ich bin immer mit euch. Nichts kann zu klein sein in meinen Augen. Ihr müsst nicht immer nur auf eure Kompetenz, eure Technologie oder eure eigene Leistungsfähigkeit vertrauen. Doch in mir, nur in mir, könnt ihr alle Dinge tun.

Heute lebt ihr in einer Generation der Hochtechnologie und künstlichen Intelligenz. Eure Philosophie ist eine des Pragmatismus. Die Idee, zuerst zu sehen und dann zu glauben wird zu eurem eigenen Stolperstein des Glaubens. Einfachheit und Kindlichkeit sind schwer zu akzeptieren und doch ist dies der Schlüssel zum Glauben. Doch, meine Nachfolger, ihr werdet auf Schwierigkeiten stoßen, die Wunder zu empfangen, die auf euch warten.

Ich bin ein Meister der einfachen Dinge und ich möchte, dass ihr die Nachfolger der großen Dinge seid. Denn ihr werdet noch größere Dinge tun als ich, Sananda. Versucht, mit meinen eigenen Augen zu sehen. Füllt euer Herz mit meinem Sein... Handelt mit meinem Eifer. Dies ist der wahre Glauben. Dies ist es, wie ihr euer Senfkorn wirklich einpflanzt.

Es wird viele Senfkörner in deinem Leben geben... Die meisten eurer Wunder werden mit winzig kleinen Senfkörnern beginnen. Glaubt ihr das? Dann geht hin und handelt ebenso."

Sananda/Jesus bringt einen sehr interessanten und entscheidenden Punkt in diesem Gleichnis auf. Das Senfkorn ist „kleiner als all die anderen Samen" und doch wird es größer als alle Gartenpflanzen und es wird zu einem Baum, so dass die Vögel der Lüfte kommen und ihre Nester in den Zweigen bauen können. Ist dies nicht interessant? Dies erinnert mich an den Heiligen Geist, der als die „noch zarte Stimme im Inneren" bekannt ist. Es ist die ganz zarte Stimme, sie spricht leise, nicht wie das negative Ego und das Begehren des niederen Selbst, das schimpft und nach Aufmerksamkeit schreit. Wenn man aber anfängt, auf die Stimme des Heiligen Geistes und des Höheren Selbst oder des Überbewusstseins zu lauschen, dann beginnt sie zu wachsen.

Ein interessanter Punkt ist nun, dass das Höhere Selbst und das Überbewusstsein noch nicht einmal auf die inkarnierte Seele achten, bis die inkarnierte Seele anfängt, auf spirituelle Dinge zu achten. Daher sind viele Menschen auf der Erde völlig abgeschnitten oder vom Höheren Selbst getrennt. Und so kannst du erkennen, wie klein diese Stimme und das Senfkorn sind. Wenn inkarnierte Seelen anfangen, auf die Stimme Gottes aufmerksam zu werden, wie klein sie auch ist, dann wird sie stärker. Es ist wie das Entzünden eines Streichholzes; am Anfang ist die Flamme noch klein, doch wenn man sozusagen beginnt, sich für Gott und den spirituellen Weg zu entfachen, dann wächst die Flamme wie eine Senfkornpflanze und wird immer größer und beginnt, sich zu einem Baum zu entwickeln oder sie wird zu einem alles verzehrenden spirituellen Feuer. Das Senfkorn war am Anfang so klein und doch wurde es zum „Baum des Lebens" oder zum „Wein Gottes und Christi". Wenn es richtig genährt wurde, dann blühen und gedeihen die Zweige und es wachsen zwölf Mal im Jahr, in jedem Monat ein Mal, Früchte daran. Die Zahl 12 ist hier bedeutend, denn sie repräsentiert die Früchte oder die Qualitäten in den Schulen, den Universitäten und den Herausforderungen des Lebens, auch bekannt als die 12 Tierkreiszeichen. Die Zahl 12 der 12 Arten von Früchten repräsentiert zudem die 12 Tore zum Neuen Jerusalem, die 12 Mächte des Menschen, die 12 Qualitäten, welche die Apostel symbolisieren, die 12 Stämme Israels und die 12 Söhne Jakobs.

Nun, der Abschnitt über die Vögel, die auf den Zweigen landen und dort ihre Nester bauen ist auch interessant. So wie die Menschen auf dem spirituellen Weg metaphorisch mit Schafen verglichen wurden, die genährt werden müssen und wie jeder Mensch zum „Lamm Gottes" wird, so können die Menschen auch symbolisch mit Vögeln verglichen werden. Schau auf all die Vögel, die ihre Nester im Baum von Sananda/Jesus erbaut haben und versuche die Bedeutung dessen zu erfassen.

Vögel können zudem ein Symbol für Gedanken, Gefühle und lebendige spirituelle Aspekte des Selbst sein, die gedeihen, wenn der Baum des Lebens vom Wasser des Lebens genährt wird, das wiederum vom Fluss des Lebens versorgt wird. Es ist auch sehr interessant, sich einen Baum anzuschauen und was dieser, beispielsweise ein Baum aus einem Senfkorn, repräsentiert. Eine Qualität des Baums ist, dass er sehr geerdet ist und seine Wurzeln in der Erde hat. Dies ist etwas, das alle, die potenziell den Christus realisieren, lernen müssen, zu tun.

Zweitens, ist ein Baum sehr massiv und der Baumstamm hat sozusagen ein starkes Rückgrat. Dies ist etwas, das alle, die potenziell den Christus realisieren, lernen müssen zu tun.

Drittens, strebt ein Baum mit seinen Zweigen und Blättern aufwärts, in alle Richtungen und trägt viele Früchte. Dies ist etwas, was wir alle spirituell tun müssen.

Dies sind die drei großen Qualitäten des Baumes des Senfkorns, die wir alle entwickeln müssen. Wenn die Zweige, Blätter und Früchte des Baumes nicht mehr gedeihen, dann braucht es eine Stutzung, wie Sananda sagte, was eine Anpassung und Korrektur in dir und in deinem Leben bedeutet, was dir dann ermöglicht, ein voll entwickelter „Baum des Lebens" oder „Baum des Senfkorns" auf allen Ebenen zu werden.

Der vierte Aspekt vom Baum des Lebens oder vom Baums des Senfkorns ist, dass er auch ein Symbol für den kabbalistischen Baum des Lebens mit seinen 12 Sephiroth ist. Die meisten Menschen sagen 10 Sephiroth, aber ich sage 12, denn ich schließe die zwei verborgenen Sephiroth von Daath mit ein, welches die verborgene Weisheit ist und die 12, die der Sephiroth des Mahatma oder die Zusammenfassung und Integration aller Sephiroth bedeutet. Jedes Sephiroth ist ein Aspekt des Selbst und um ein vollständig realisierter Christus zu werden, muss man sich in allen 12 Aspekten entwickeln. Um mehr darüber zu erfahren, lest mein Buch *Verborgene Mysterien*, denn es gibt dort ein ausgezeichnetes Kapitel über den kabbalistischen Baum des Lebens aus der Perspektive der Aufgestiegenen Meister.

Wir sehen also, mein Freunde, dass das Symbol vom Baum des Lebens und vom Baum des Senfkorns sehr wichtig ist.

Dann gibt es natürlich auch das berühmte Zitat von Jesus, als er sagte: *"Wenn ihr Glauben habt wie ein Senfkorn, so könnt ihr sagen zu diesem Berge: Heb dich dorthin! So wird er sich heben; und euch wird nichts unmöglich sein."*

Am Anfang unseres spirituellen Weges ist unser Glaube noch sehr klein. Wir haben Zweifel, so wie der „ungläubige Thomas". Und ist es nicht erstaunlich, wie unser Glaube, unsere Hoffnung, unser Wissen zu wachsen beginnt, so wie die Pflanze und der Baum des Senfkorns? Am Anfang sind wir völlig identifiziert mit unserer Persönlichkeit wie Kinder und Jugendliche, statt mit der Seele und der Monade. Am Anfang werden wir vom negativen Ego und vom Massenbewusstsein geleitet, was sich nach gewisser Zeit langsam aber sicher zum spirituellen Christus-/Buddha-/Gottesbewusstsein umwandelt und verändert und sich von der Persönlichkeit hin zur Seele, zum Überbewusstsein, zum Höheren Selbst, zur Überseele, zur mächtigen ICH BIN - Gegenwart, zum Heiligen Geist, zum Christus, zum Buddha, zu Krishna, zum Atma, zum Ewigen Selbst und zur Gottesidentifizierung umwandelt. Aus diesem kleinen Samen des Glaubens wächst irgendwann ein Baum, der sich mit Glauben, Vertrauen und Geduld in Gott und seine Gesetze entflammen wird.

In diesem Prozess gibt es Ebenen und Stufen des Glaubens. Selbst der Apostel Thomas sagte, nachdem er mit Jesus zusammen war, dass er Stigmatawunden am Körper von Jesus sehen musste, um glauben zu können. Glauben kann durch gesehene Dinge entwickelt werden, doch ein tieferer Glaube oder ein Baum des Senfkorns bedeutet, an ungesehene Dinge zu glauben. Dies erinnert mich an Jesus, als er mit Nikodemus sprach und er zu ihm sagte, dass der Glaube wie der Wind sei, der in den Bäumen weht; er kann mit den physischen Augen nicht gesehen werden, aber er ist die wahre Ursache seiner Fähigkeit zu heilen. Wir alle müssen den Glauben und das Wissen an Gott und an seine Dinge entwickeln, welche die fünf Sinne überschreiten oder unser Baum des Senfkorns wird nicht voll gedeihen und wird eine Stutzung benötigen.

Wie Sananda sagte, wir müssen Einfachheit und kindliche Hingabe in unserem Glauben entwickeln, doch dies bedeutet nicht, dass man vom inneren Kind geleitet wird, wie es so viele, die sich auf dem spirituellen

Weg befinden, sind. Denn, wenn dies geschieht, wird dies die Ursache für das Opferbewusstsein und das Bedürfnis für Stutzung, spirituelle Prüfungen und Lektionen sein.

Es ist erstaunlich zu sehen, wie sich unser eigener spiritueller Weg entwickelt und wie auch andere bemerken, dass wir mit einem so kleinen Senfkorn des Glaubens, des Verstehens und der Ausrichtung auf das Höhere Selbst und den Heiligen Geist begonnen haben und wir uns nun selbst betrachten und erkennen, wie weit wir gekommen sind. Was für ein wunderschöner Baum des Senfkorns und Baum des Lebens du geworden bist. Und wie vielen Menschen du geholfen hast und wie du von deiner Spiritualität berührt warst und alles, was du in höheren Teilen deines Baums entwickelt hast, in denen die Vögel ihre Nester erbauen.

Schau auf den Glauben des echten Senfkorns, denn aus diesem kleinen Samen wird ein großer Baum. Sind wir als Söhne und Töchter Gottes nicht größer als der Samen des Senfkorns? Wenn das Senfkorn zu einem solch noblen und majestätischen Baum werden kann, dann stell dir vor, wozu die „Samen des Christus" werden können. Ein so kleines Senfkorn, das nur auf das Selbst und die kleine Persönlichkeit und auf das limitierte Filtersehen fokussiert ist, kann mit richtiger Nahrung, Bewässerung und Versorgung auf allen Ebenen nach gewisser Zeit zum „Christus des integrierten breit gefächerten Bewusstsein" werden. Selbst Meister Jesus und Maria waren einst kleine Senfkörner, als sie die verbotene Frucht aßen und im Bewusstsein fielen, so wie es die gesamte Adamische Rasse tat. Ihre Geschichte in der Bibel und ihr kollektiver Sinn, ist die Entwicklung dieses Senfkorns des limitierten Bewusstseins zur vollständigen Entfaltung dieses Senfkorns, damit es zu einem Baum des Senfkorns wird. Auf gleiche Weise sind wir alle Samen, die ihr unbegrenztes Potential in Gott, Christus und dem

Heiligen Geist haben. Der Sinn des Lebens ist, ein vollständiger Ausdruck und eine Manifestation dieses „Gottessamens" zu werden, der wir alle sind. Jesus und Maria und alle Aufgestiegenen Meister haben diesen vollständigen Ausdruck auf planetarer Ebene realisiert. Nun streben sie danach, den vollständigen Ausdruck des „kosmischen Christus", des „kosmischen Samens", der sie sind, zu manifestieren. Die Metapher des Samens ist eine gute Metapher, denn das Senfkorn enthält den Baum des Senfkorns in sich, bevor es überhaupt gepflanzt wurde. Das Gleiche gilt bei jedem von uns. Der „Samen des vollständig realisierten Christus" ist bereits ganz in uns enthalten. Wir sind alle bereits der Christus im himmlischen Ideal, aber der spirituelle Weg befähigt uns, diesen Samen auf Erden und durch alle Dimensionen hindurch zu realisieren. Wir müssen das Rad nicht neu erfinden. Wir sind bereits das Rad. Wir sind bereits nach dem Ebenbild und der Gestalt Gottes geschaffen. Alles was Gott und Christus ist, das ist bereits in uns. Wie es in *Ein Kurs in Wundern*, der von Jesus gechannelt wurde, heißt: „Alles, was benötigt wird, ist die Entfernung der Hindernisse, damit man sich der Präsenz der Liebe bewusst wird."

Gott und Liebe müssen nicht im Inneren kreiert werden, denn dies ist, was und wie wir bereits sind. Wie es in einer der Lektionen im *Kurs* heißt: „Du bist, wie Gott dich geschaffen hat." Wir sind bereits die Samen Gottes. Der Sinn des Lebens ist, den Baum des Lebens, die Pflanze des Senfkorns oder Christus des lebendigen integrierten breit gefächerten Bewusstseins aus diesem Samen wachsen zu lassen. Es ist nicht schwer, dies zu tun, da dies natürlich ist und das, was wir bereits sind. In Wahrheit ist das, was schwierig ist, nicht zum Christus zu werden. Denn nicht zum Christus zu werden ist unnatürlich. Daher fühlen wir uns so gut, wenn wir in diese Richtung gehen und so schlecht, wenn wir es nicht tun. Wie es zudem in *Ein Kurs in Wundern* in der Einleitung heißt: „Nichts Wirkliches kann bedroht werden.

Nicht Unwirkliches existiert. Hierin liegt der Frieden Gottes." Mit anderen Worten, jeder ist in Wahrheit der Christus, oder der Samen Gottes, und alle negativen Gedanken, Zweifel, illusionären vergangenen Lebensstile, die Konzentration auf deine Persönlichkeit anstatt auf deine Seele oder Monade ändern nichts am Schicksal deines wahren Potenzials, ein Christus zu werden. Dies ist es, was und wer du bist. Selbst Sadam Hussein, Bin Laden, Atilia der Hunne und Hitler sind alle der Christus. All ihr Dienen der dunklen Seite hat dies nicht geändert, denn nichts Wirkliches kann bedroht werden und nichts Unwirkliches existiert.

Der Schlüssel ist aber, dass, obwohl wir bereits in unserem Senfkorn, oder im Samen des Baum des Lebens Christus sind, ist die eine Sache, die wir noch nicht getan haben, das „Realisieren" dieses Samens. Dies ist der Sinn des Lebens; den Samen auf Erden zu erkennen und zum vollständig ausgebildeten Baum aus einem Senfkorn, zum Baum des Lebens und zum lebendigen vollständig realisierten Christus zu werden. Um dies zu tun, müssen wir den „Christussamen", der wir sind, nähren, bewässern, düngen, versorgen und entwickeln, indem wir die Gesetze Gottes auf allen Ebenen befolgen und unser Selbst auf allen Ebenen entwickeln, das negative Ego überwinden und nach Ausgeglichenheit und Integration auf allen Ebenen streben. Dies ist das Schicksal jeder Seele auf Erden und überall in der Schöpfung. Es mag anders genannt werden auf den verschiedenen Planeten oder in den verschiedenen Universen, doch der Plan ist derselbe, dass alle Seelen und Söhne und Töchter Gottes, Gott realisieren.

Wir sehen also, meine Freunde, dass dieses Gleichnis des Senfkorns eine tiefgründige Bedeutung hat, wenn es aus der Perspektive des integrierten breit gefächerten Bewusstseins betrachtet wird.

Es ist zudem wichtig zu verstehen, dass eine andere Bedeutung dieses winzigen Senfkornsamens die ist, dass Gott weniger auf die großen Dinge im Leben als vielmehr auf die kleinen Dinge ausgerichtet ist. Viele Menschen, die ein großes Ego haben, denken, dass der spirituelle Weg das Sprechen, Lehren, Channeln vor 1000 Menschen oder das Schreiben eines Bestsellers, den Millionen von Menschen lesen werden oder Millionen von Schülern zu haben ist. Um ehrlich zu sein, ist dies nicht das, worauf Gott Wert legt oder worüber er sich sorgt. Gott interessiert sich mehr für das Herz eines jeden Individuums und die Motivationen, Gedanken und Gefühle, welche die Menschen dazu bringen, das zu tun, was sie tun.

In Wahrheit ist Gott mehr auf die kleinen Dinge im Leben ausgerichtet und sorgt sich um sie, als auf die großen. Gott kümmert sich mehr um die feinen und kleinen Details oder um das „Senfkorn", wenn du willst. Zum Beispiel, hast du dem Fremden auf der Straße ein Lächeln gegeben? Hast du den Bankangestellten oder den Mann an der Tankstelle gegrüßt? Gibst du dem Alkoholiker in der Gosse ein bisschen Geld? Hast du es unterlassen, den Müll einfach auf den Boden zu werfen? Hast du daran gedacht, deine Tiere zu versorgen? Hast du deine Hausangestellte so gut und respektvoll behandelt wie einen Meister? Hast du am Ende des Tages daran gedacht, Gott zu danken? Hast du dich daran erinnert, deinem Ehemann oder deiner Ehefrau zu sagen, dass du ihn/sie liebst? Hast du die andere Wange hingehalten, als dich jemand kritisierte oder dich angriff? Hast du ihm vergeben? Hast du für ihn gebetet? Hast du versucht, an diesem Tag jeden, den du triffst, selbst den Fremden, Liebe zu schenken? Hast du heute versucht, jeden als Gott und Christus zu betrachten?

Meine geliebten Leser, dies sind die Dinge, für die sich Gott am meisten interessiert. *"Denn was hülfe es dem Menschen, wenn er die ganze Welt gewönne und nähme an seiner Seele Schaden?"* Es gibt so viele religiöse New Age - Lehrer und spirituelle Führer, die sehr berühmt oder bekannt sind, die besondere Talente haben zu lehren, zu channeln, hellzusehen, die heilerische Fähigkeiten und wissenschaftliches Wissen besitzen, aber die nie zum Christus werden. Dies ist wahr, obwohl sie öffentliche Anerkennung und viele Schüler haben, Bücher schreiben, große Workshops geben und eine Menge Geld verdienen. Sie denken, dass sie ihr Selbst erkannt haben. In Wahrheit jedoch sind sie die spirituelle Leiter hinuntergefallen und haben dies noch nicht einmal erkannt. Sie denken, dass all die äußeren Dinge, die sie erreicht haben, ein Zeichen ihres spirituellen Erfolgs ist. In Wahrheit dienen sie nur sich selbst, ihren negativen Egos, ihrer Eitelkeit, ihrem selbstbezogenen Narzissmus, ihrem inneren Kind, den Machtbedürfnissen, ihrem Wunsch nach Ruhm, ihrer sexuellen Befriedigung und ihrem Wunsch nach Geld und materiellen Dingen. Sie verherrlichen sich selbst im Namen Gottes. Sie sind wie die übertünchten Gräber, die von außen hübsch aussehen, aber innen sind sie voller Totengebeine und lauter Unrat. Sie sind die Pharisäer und Sadduzäer des New Age.

Dies passiert, weil sie ihr Senfkorn vergessen haben. Sie mögen es am Anfang erkannt haben, doch nun haben andere Dinge sie überwältigt. Gott ist in den Details. In Wahrheit sind es die kleinen Dinge, die im Leben von Bedeutung sind. Was, wenn man in der Welt berühmt ist oder große Workshops gibt und Bestseller geschrieben hat, wenn man hinter der Fassade vom inneren Kind, vom Opferbewusstsein, von Wut, von Verurteilungen, von Selbstgerechtigkeit, von Egorechtfertigung, ohne Integrität und vom Ego gesteuert wird und dies nicht erkennt? Diese Lehrer sind von skrupellosen Menschen umgeben, die sie noch mehr beeinflussen. Sie sind nicht integriert und ausgeglichen und erkennen dies nicht. Sie sind spirituell entwickelt, doch ihr Bewusstsein ist unterentwickelt. Sie sehen das Leben durch einen sehr begrenzten Filter und nicht durch ein breit gefächertes Bewusstsein und sie erkennen dies nicht. In 99 von 100 Fällen erkennen solche religiösen Lehrer und New Age - Führer nicht, dass dies passiert. Sie erkennen nicht, dass sie das Senfkorn vergessen haben. Sie denken, dass größere Dinge wie ein großer Workshop wichtiger sind als die täglichen, spirituellen Übungen, die sie dorthin gebracht haben. Sie sind die spirituelle Leiter hinuntergefallen und vom spirituellen Berg hinuntergestürzt und erkennen dies nicht. Wenn ihr alle wüsstet, wie weit verbreitet dies ist, würdet ihr geschockt sein. Es wuchert. Es nimmt in der New Age - Bewegung epidemische Ausmaße an. Und es geschieht, weil die Menschen das Senfkorn vergessen haben, welches der Ursprung und Samen des spirituellen Weges ist.

Wir erkennen also, meine Freunde, dass Meister Sananda/Jesus, als er ein solches Beispiel gab, wusste, wovon er sprach. Die Geistige Welt, Sananda, die Meister und ich haben euch heute demütig über das „Verständnis des breit gefächerten Bewusstseins des Senfkorns und seine entscheidende Bedeutung für den spirituellen Weg" unterrichtet. Lasst dies für uns alle eine Lektion sein.

Wenn es einmal zum Wachstum unseres Senfkorns hin zu einem Baum, dem Baum des Lebens, kam und wir den integrierten breit gefächerten Christus und unseren Christussamen vollständig realisiert haben, dann liegt unsere Verantwortung darin, anderen dabei zu helfen, das Gleiche zu tun. Wir tun dies natürlich bereits, bevor wir den Baum vollständig realisiert haben, denn wir lehren, was wir lernen wollen. Durch das Geben und Teilen werden wir zu diesem Baum. Denn, wenn wir ein lebendiger Christus sein wollen, müssen wir Christus geben, andernfalls ist es unmöglich, dies zu erkennen oder zu erlangen. Es liegt zudem im kontinuierlichen Geben, diesen Zustand aufrechtzuerhalten. Wenn man zum realisierten Christus wird, dann kümmert man sich mehr darum zu geben als zu empfangen, obwohl beides wichtig ist zur rechten Zeit und am rechten Ort. Die zwei großen Ziele des spirituellen Wegs sind, zum realisierten Christus zu werden und zu dienen. Durch den Dienst erlangen wir dies und unser Baum des Lebens und der Baum, der aus dem Senfkorn entstand, werden gedeihen.

Ich beende dieses Kapitel mit den Worten von Meister Jesus: *„So werden die Letzten die Ersten und die Ersten die Letzten sein."* Nur durch das Helfen anderer und das glorifizieren Gottes und nicht des Selbst wird man von Gott glorifiziert. Denn diejenigen, die spirituell dienen, um das Selbst zu glorifizieren und zu erhöhen, werden am Ende erniedrigt werden. *"Denn wer sich selbst erhöht, der soll erniedrigt werden; und wer sich selbst erniedrigt, der soll erhöht werden."* Diejenigen, die das Selbst auf Erden erhöhen, werden im Himmel erniedrigt werden und diejenigen, die Gott auf Erden preisen, werden von Gott und Christus im Himmel gepriesen werden. Denn dies, meine geliebten Freunde, ist das Gesetz der Propheten. Kümmere dich um deine wertvollen Senfkörner und hilf ihnen, zu wachsen und zu gedeihen, denn sie besitzen den Schlüssel zu deinem Erfolg und zum lebendigen Christus auf Erden.

So steht es geschrieben! So soll es geschehen!

Lektion 14

Sananda Gleichnis – 4

„Wiederum gleicht das Himmelreich einem Netz, das ins Meer geworfen ist..." Matthäus 13:47-50

„Wiederum gleicht das Himmelreich einem Netz, das ins Meer geworfen ist und Fische aller Art fängt. Wenn es aber voll ist, ziehen sie es heraus an das Ufer, setzen sich und lesen die guten in Gefäße zusammen, aber die schlechten werfen sie weg. So wird es auch am Ende der Welt gehen: Die Engel werden ausgehen und die Bösen von den Gerechten scheiden und werden sie in den Feuerofen werfen; da wird Heulen und Zähneklappern sein." Matthäus 13:47-50

SANANDA:

"Während ich mit euch spreche, meine geliebten Nachfolger, lehre ich auch über meine universelle Kirche. Es ist keine bestimmte örtliche oder selbst globale Kirche, welche die verschiedensten Menschen aller Kirchen und spiritueller Wege ausmacht. Sie betrifft alle Rassen, Kulturen und sozialen Gruppen, denn ich habe gesagt: Alle Wege führen zu Gott.

Viele von euch liegen heute falsch, wenn sie glauben, dass ich nur zu den christlichen Kirchen spreche. Oder vielleicht nur zur jüdischen Kultur, der ich als Jesus von Nazareth angehörte. Das universelle Gesetz betrifft alle Menschen und alle Fische jeglicher Art. Es betrifft den christlichen als auch den buddhistischen Weg, denn ich spreche nicht von einer bestimmten Religion. Manchmal ist Religion selbst eine Barriere für den Glauben an Gott. Dies sollte nicht so sein. Daher lege ich an allen Orten und Dingen Nachdruck auf die Bedeutung der Ost-West-Vereinigung. Wir sind alle Brüder und Schwestern Gottes, meines Vaters. Die Essenz ist in den Herzen der Menschen. Ich spreche vom Geistigen, nicht von der Religion.

Ein Mensch wird nach seinem Glauben in der Situation, in der er sich befindet, gemessen werden und gemäß der eingehaltenen Regeln und Konzepte, die er gewählt hat. Richtigkeit für dich ist das Einhalten der Richtigkeit, die du gewählt hast. Befolgst du die Konzepte? Ihre Regeln? Ihre Grundsätze?

Meine geliebten Nachfolger, fühlt ihr manchmal, dass es unfair ist, dass bestimmte Seelen durchkommen und nicht sofort für ihr Tun bestraft werden? Doch am Ende der Zeiten wird sich das Richtige von selbst zeigen. Und die wahren Fischer werden das Gute vom Bösen unterscheiden. Und dies wird ein harter Moment der Trennung, gefolgt vom Heiligen Gericht, sein.

Zur jetzigen Zeit scheinen viele dem Jüngsten Gericht zu entfliehen. Aber ich werde nicht für immer schweigen. Die Zeit wird kommen und das Böse wird weggeworfen werden, so wie das Gute mein Königreich betreten wird.

Die Gefäße, von denen ich spreche, sind meine vielen Häuser. Denn es gibt einen angemessenen Ort für jede Seele, der dem entspricht, was sie sich verdient hat, während sie auf der Erde war.

Es gibt viele Arten guter Menschen. Einige sind verdienstvoller als andere, aber sorge dich nicht darüber.

Meine geliebten Nachfolger, gebt stets euer Bestes und arbeitet an qualitativer Güte. Glaubt an meine Worte, denn sie werden am letzten Tag des Gerichts gesprochen werden, wenn meine Engel kommen werden. Möge mein Königreich auf Erden kommen wie es ist im Himmel. AMEN."

Sananda/Jesus teilt hier ein sehr tiefgründiges Zitat, indem er den spirituellen Weg mit einem Fischernetz vergleicht, das ins Meer geworfen wird um Fische zu fangen. Dieses Zitat hat mehrere Bedeutungen. Die Fische sind natürlich die Menschen. Dieses Zitat spricht vom „Jüngsten Gericht", bei dem jede Seele „erkennt" ob sie Befreiung erlangt vom Rad der Wiedergeburt. Es sind die so genannten schlechten Fische, die nicht wirklich schlechte Fische sind, nur Söhne und Töchter Gottes, welche die spirituellen Prüfungen und Lektionen nicht vollständig gemeistert haben und sich dadurch erneut reinkarnieren müssen.

Die zweite Bedeutung ist, dass jede inkarnierte Seele gemäß Gott und seinen Gesetzen erkennen wird, ob sie des Aufstiegs und der Auferstehung würdig ist. Außerdem, ob sie es würdig ist, physisch oder nicht physisch aufzusteigen oder die Auferstehung zu erlangen.

Diejenigen, welche die Stufe der Befreiung nicht erreichen, so besagt das Zitat, werden in den Feuerofen geworfen. Die meisten Menschen, die dies hören, stellen sich die Hölle oder das Fegefeuer vor. Für einige böse Menschen gibt es die Höllen- oder Fegefeuerdimension der Realität. Gott schickt in Wahrheit niemanden in irgendeine Dimension, es geschieht alles gemäß der Entwicklung des Bewusstseins und der Seelenentwicklung. Jeder Mensch wird von der Dimension, die er rechtmäßig verdient, angezogen. Ein Adolf Hitler mag in die Höllenwelt gehen, muss es aber nicht. Die Hölle ist ebenfalls kein permanenter Ort, denn selbst Adolf Hitler wird die Möglichkeit haben zu gehen und zu Gott zurückzukehren, wenn er sich selbst als würdig und reumütig genug zeigt, um die Reise nach Hause anzutreten.

Die wahre Bedeutung des Feuerofens ist, dass alle Seelen, die sich reinkarnieren müssen, vom „Feuer des Lebens" geprüft werden. Jedes Gesetz, wie der Universelle Geist durch Edgar Cayce sagte, muss erfüllt werden. Jede Seele muss ihr Karma oder das Feuer des Lebens treffen. Denn jede Lektion, die auf Erden kreiert wurde, muss auf der Erde gemeistert werden. Der „Feuerofen" wird jede Seele in das Christusmuster formen. Denn, wenn Menschen sich gegen Gott oder das Christusmuster und das spirituelle Christus-/Buddha-/ Gottesbewusstsein auflehnen, „dann wird es Heulen und Zähneklappern geben". Das „Heulen und Zähneklappern" bezieht sich zudem auf die Erkenntnis darüber, welche Seelen ihr Leben nicht entsprechend dem Christusmuster gelebt haben und sich erneut inkarnieren und das ernten müssen, was sie gesät haben. Die Rückkehr zur Erde ist in Wahrheit keine Bestrafung, sondern ein Geschenk und eine Möglichkeit, das zu korrigieren und zu berichtigen, was falsch gemacht wurde und es sollte als solches betrachtet werden. Denn alles wird vergeben, doch es gibt Bedingungen, um das Himmelreich betreten zu dürfen und wenn diese Bedingungen nicht erfüllt werden, müssen diese Seelen in den „Feuerofen des Lebens" zurückkehren, um zu dem Christus zurückgebildet zu werden, zu dem sie bestimmt sind.

Jeder Mensch muss lernen, das Biest und den Drachen im Inneren zu zähmen. Jeder Mensch muss lernen, den Leopard mit seinen sieben Köpfen und zehn Hörnern, von dem in der Johannes Offenbarung die Rede ist, zu meistern. Der Leopard mit den sieben Köpfen ist der niedere Aspekt der sieben Chakren, die sich noch nicht entwickelt haben. Die zehn Hörner sind die zehn Abkömmlinge der Angst: Sich sorgen, Besorgnis, Phobien, Paranoia, Angst des Versagens, Angst vor Erfolg usw. Sie müssen alle gemeistert werden. Denn, wie ich gemäß der Johannes Offenbarung sage, dein Name kann nur ins Buch des Lebens eingetragen werden, wenn diese Dinge gemeistert wurden. *„Und alle, die auf Erden wohnen, beten es an* (das Biest mit den sieben Köpfen und den zehn Hörnern), *deren Namen nicht vom Anfang der Welt an geschrieben stehen in dem Lebensbuch des Lammes, das geschlachtet ist."*

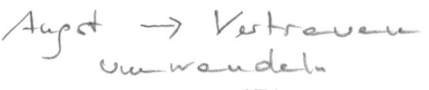

Es ist zudem entscheidend, das zweihörnige Biest, das in den Offenbarungen beschrieben ist, zu meistern. Dies ist das Biest der „doppelten Geneigtheit". Meister Jesus bezog sich darauf, als er sagte, dass man nicht zwei Meistern dienen kann, Gott und dem Mammon. Dies ist es aber, was die meisten Menschen der Welt tun. Sie dienen beiden. Wie Jesus in *Ein Kurs in Wundern* sagte, gibt es keine neutralen Gedanken. Alle Gedanken sind entweder von Gott oder vom negativen Ego und es gibt keine Ausnahmen. Man kann Angst nicht mit Liebe, das Licht nicht mit der Dunkelheit, Christus nicht mit Satan, das Negative nicht mit dem Positiven und die Trennung nicht mit dem Einssein ausbalancieren. Wähle, wem du dienen möchtest.

Jeder Mensch muss, so wie der Universelle Geist durch Edgar Cayce sagte, die vier Biester, die in den Offenbarungen beschrieben sind, meistern, was gemäß dem Universellen Geist bedeutet: Erstens, unsere erste Liebe zu verlassen, den Fall des spirituellen Ideals. Zweitens, Angst. Drittens, Wut, impulsive Reaktionen und den Todestrieb des Geistes. Viertens, das Leben ohne spirituellen Sinn und Ideale zu leben.

Wir alle müssen wie König David werden. Wie der Universelle Geist durch Edgar Cayce sagte: „Es geschah nicht, weil er frei von Fehlern war". Der Universelle Geist sagte, dass er seinen Charakterfehler und seine Lektionen hatte, um wie wir alle zu lernen, doch „seine Hoffnungen, seine Ängste und Ideale waren kontinuierlich Gott unterworfen."

Indem wir wie König David sind, erhalten wir, wie es in der Bibel heißt, den Schlüssel Davids, der die Öffnung des Dritten Auges ist.

Wir alle müssen bestimmte Herausforderungen der Seele bewältigen. Die Herausforderungen der Seele eines jeden Menschen sind unterschiedlich. Zum Beispiel sagte der Universelle Geist, dass die Herausforderung der Seele von Moses die „Bewältigung von Wut" war. Sogar die größten Propheten hatten spirituelle Prüfungen und Lektionen zu lernen.

Wir alle müssen uns von der Gefangenschaft und Sklaverei, so wie es die jüdischen Menschen in Israel taten, befreien, aber nicht von Menschen, sondern von der Gefangenschaft und Sklaverei des negativen Egos, des Begehren des niederen Selbst und des Opferbewusstseins.

Wir müssen alle wie Jakob in der Bibel sein. Jakob wird als „der eine, der für Gott kämpft, ringt und sich bemüht..." bezeichnet. Der spirituelle Weg ist ein Kampf. Jede Seele geht durch diesen Kampf des Armageddon im eigenen Bewusstsein. Wir müssen mit dem Engel ringen, wie es Jakob tat, bis der Engel uns segnet.

Wir alle müssen die „Schlange" des negativen Egos, das Begehren des niederen Selbst und die fleischlichen Begierden hin zur aufsteigenden Schlange der Kundalini umwandeln.

Wir müssen unsere sieben Siegel oder sieben Chakren, wie es in der Johannes Offenbarung geschrieben steht, öffnen. Dies geschieht durch die Entwicklung unseres Bewusstseins. Um die Siegel zu öffnen, müssen wir zudem mit den „sieben Sternen" in Berührung kommen, wie es in der Johannes Offenbarung geschrieben steht, welche die Symbole für die sieben Engelskräfte, welche die sieben Chakren überstrahlen, sind.

Wir müssen den „*zweiten Tod*" vermeiden. Der zweite Tod ist der Fall zurück zum negativen Ego und der satanischen Herrschaft, während man sich noch in der Inkarnation befindet. Dies ist es, was das „*Zähneklappern*" verursacht, wenn es erkannt wird.

Wie der Universelle Geist durch Edgar Cayce sagte: „Die meisten Menschen gehen durchs Leben anstatt durchs Leben zu wachsen. Das Leben lebt sie, anstatt dass sie das Leben leben." Wir müssen die Menschen fragen, wie behandelt du das Leben und nicht wie behandelt das Leben dich? Dies ist die Bewegung vom Opfer hin zum Meister.

Wir lernen, die tiefere Essenz des Lebens auszudrücken. Mit anderen Worten, wir müssen aus unseren Erfahrungen lernen und so viele Vitamine, Mineralien und spirituelle Weisheiten herausziehen, wie wir nur können.

Wir müssen uns von dem „*Johannes dem Täufer*"-Anteil in uns, der den Weg für Christus bereitet, wegbewegen und diesen Teil loslassen, damit wir tatsächlich zum Christus werden können.

Wir müssen uns auf den "*Morgenstern*" ausrichten, wenn wir inkarnieren, was das Erwachen des Bewusstseins bedeutet.

Wir müssen im Leben zu „Säulen im Tempel Gottes" werden.

Doch das Wichtigste, weshalb wir hier sind, ist, ein Meister zu werden. Wie es in der Bibel heißt: "*Seid fruchtbar und mehret euch und füllet die Erde und machet sie euch untertan...*" Wir müssen uns und die Erde meistern.

Wir alle müssen das Neue Jerusalem zuerst in uns selbst erschaffen. Dann müssen wir dies in unseren Freundschaften und unseren Liebesbeziehungen erschaffen. Nur dann können wir dies in unseren Städten und Ländern erschaffen. Um diesen Heiligen Tempel von Jerusalem zu erschaffen, müssen wir die 12 Tore in uns öffnen.

Diese 12 Tore sind:

Den Herrn preisen
Seine Hilfe annehmen
Ihn einladen, mit mir zu weilen
Anderen erlauben, zu sehen, was der Herr mir gebracht hat
Wissen, dass der Herr mich hört
Wissen, dass der Herr mir Reichtümer (wie Möglichkeiten) schickt
Fruchtbar sein
Mein Mühen vergessen
Gute Dinge erwarten, selbst im hohen Alter und in Trauer
Weise urteilen
Im Glück leben
Mit den Problemen und Herausforderungen des Lebens umgehen

Wenn wir unseren Namen im Buch des Lebens eingetragen haben und unsere sieben Siegel öffnen, können wir unseren ewigen Namen, der uns einzigartig vom Rest der Schöpfung unterscheidet, empfangen. Daher änderte Meister Jesus seinen Namen zu Sananda. Viele von euch werden das Gleiche tun, wenn ihr eure Chakren zu den sieben Kirchen und den sieben goldenen Leuchtern verwandelt.

Indem wir ein solches Leben führen, werden wir wie das Kreuz. Denn der Universelle Geist sagte durch Edgar Cayce: „Das Kreuz führt zum Weg, immer." Das Kreuz repräsentiert die Wahrheit, den Weg und das

Leben. Es repräsentiert zudem die Ausgeglichenheit der vertikalen und horizontalen Aspekte des Lebens. Es ist interessant, wenn wir aufstehen und unsere Arme zur Seite ausstrecken, so sehen wir aus wie ein Kreuz. Es bedeutet auch die Balance der Polaritäten und das Überwinden der Dualität des negativen Egos durch das Christusmuster. Denn, wie es geschrieben steht, sagte Meister Jesus: *„Niemand steigt in den Himmel auf, der nicht zuerst auf die Erde kam."*

Wir müssen alle zum Meister des Verstandes, zum Meister des Herzens, zur Meisterseele, zum Meister des Geistes und ein Meister des physischen Körpers und der Erde zum Dienst am Herrn, unserem Gott, sein.

Indem wir uns dem Abgrund oder dem Feuerofen stellen, bekommen wir eine wahre Möglichkeit, Gott zu realisieren, wie Hiob es in der Bibel tat, als er alles, wirklich alles, verloren hatte. Doch am Ende sagte er: *„Ich bin nackt von meiner Mutter Leibe gekommen, nackt werde ich wieder dahinfahren. Der Herr hat's gegeben, der Herr hat's genommen; der Name des Herrn sei gelobt!"* Indem wir uns dem Feuerofen stellen, haben wir die Möglichkeit, unseren Charakter zu entwickeln. Dies trifft auf jede Seele zu, die nun auf der Erde lebt.

Denn Erfolg im Leben ist nicht ein einzelner Akt, es ist eine Reise und man kann nicht erfolgreich sein ohne zu wissen, wie man mit Erfolg und Misserfolg umgeht. Wenn man in der spirituellen Führerschaft wächst, erkennt man, dass sie damit beginnt, Gottes Willen und seine Gesetze zu befolgen.

Wir alle befinden uns auf der Reise von Adam (dem gefallenen Menschen und der Adamischen Rasse) hin zu Jesus (der den Christus realisiert hat).

Wie der Universelle Geist durch Edgar Cayce sagte: „Der erste Mensch, Adam, wurde zum lebendigen Wesen, der letzte Adam wurde zum lebensspendenden Geist."

"Denn wie sie in Adam alle sterben, so werden sie in Christus alle lebendig gemacht werden." So steht geschrieben *"Der erste Mensch, Adam, wurde zu einem lebendigen Wesen und der letzte Adam zum Geist, der lebendig macht."*

Adams Eintritt in diese Welt war zu Beginn zur Erlösung der Welt gedacht, als sie in seine Obhut anvertraut wurde: *"Seid fruchtbar und mehret euch und füllet die Erde und machet sie euch untertan..."* Deshalb wurden Amilius, Adam, der erste Adam und der letzte Adam, zu demjenigen, dem die Macht über die Erde gegeben wurde. Und – wie bei jeder Seele, das erste, das besiegt werden muss, war das Selbst – so werden alle Dinge, Zustände und Elemente zum Selbst. So musste Adam, welcher der Sohn Gottes ist, dies vollbringen und würde so in der Lage sein, die Welt, die Erde, zurück zu dieser Quelle, aus der es kam, zu bringen und alle Macht würde ihm gegeben, wenn er auf der Erde bliebe, die er überwunden hat; das Selbst, den Tod, die Hölle und selbst das Grab werden ihm unterwürfig durch das Erobern des Selbst, das Fleisch wurde, denn: *"Am Anfang war das Wort, und das Wort war bei Gott, und Gott war das Wort." "In ihm war das Leben, und das Leben war das Licht der Menschen."*

"Denn, wie sie in Adam alle sterben, so werden sie in Christus alle lebendig gemacht werden." Denn in Wahrheit sind wir alle werdende Götter. Wie der Universelle Geist sagte: „Denn wir sind alle werdende Götter: nicht der Gott, sondern werdende Götter."

Das Leben ist wie ein Marathonlauf. Wie es in der Bibel heißt: *"...lasst uns laufen mit Geduld in dem Kampf, der uns bestimmt ist, und aufsehen zu Jesus, dem Anfänger und Vollender des Glaubens...., damit ihr nicht matt werdet und den Mut nicht sinken lasst."*

Das Wichtige ist, die Lehren von Christus und seine Ideale zu werden, zu demonstrieren und zu verkörpern, denn wie der Universelle Geist durch Edgar Cayce sagte: „Erkenne dein Ideal und lebe es." Denn jede Seele muss Bericht erstatten über ihr eigenes Selbst. Damit alle erkennen und das Bewusstsein erlangen können, dass das, was wir sind, – in allen unseren Erfahrungen und jederzeit – das kombinierte Resultat dessen ist, was wir hinsichtlich der Ideale, die wir anstreben, auch praktisch umgesetzt haben. Es zählt nicht, was man weiß, sondern nur, was man davon praktisch in die Tat umsetzt.

„Erlange das Wissen nicht nur für dein eigenes Tun. Erinnere dich an Adam. Erlange nicht das, was du in deiner eigenen Erfahrung und der Erfahrung anderer, die du Tag für Tag triffst, nicht konstruktiv machen kannst. Wissen ohne seine praktische Anwendung kann zur Sünde werden. Denn es war falsch angewandtes Wissen, das bei Eva zum Fall führte – oder zur Verwirrung." *Der Universelle Geist.*

„Lasst in der Gegenwart nicht die Fehler und Mängel von einst aufkommen. Es ist nicht das, was man einst tat, das zählt, sondern was man mit dem tun wird, was man heute weiß." *Der Universelle Geist.*

Das Wichtigste, das erkannt werden muss, ist, dass Gott immer einen Ausweg bereithält, selbst wenn man in den „Feuerofen" geworfen wird. Denn der Universelle Geist hat gesagt: „Er wollte nicht, dass auch nur eine Seele zu Grunde geht, er hat mit jeder Versuchung, mit jeder Prüfung einen Ausweg bereitgestellt." *Der Universelle Geist. "Wir wissen aber, dass denen, die Gott lieben, alle Dinge zum Besten dienen, denen, die nach seinem Ratschluss berufen sind."*

Meine geliebten Leser, wie der Universelle Geist sagte: „Strebe danach, vor dem Thron tadellos zu sein." Wir alle können durch Gnade lernen, was zum Beispiel durch dieses Wissen hier geschieht oder durch das Karma und die Schule der harten Schläge und den Feuerofen. Denn *"die Spreu muss vom Weizen getrennt werden."*

Dieses Zitat soll dich nicht beunruhigen, sondern dich dazu inspirieren, den Herrn und seine Herrlichkeit zu suchen. Es ist meine aufrichtige Hoffnung und mein Wunsch, dass die Geistige Welt, Sananda, die Meister und ich in dieser Lektion darin erfolgreich waren.

Um diese Lektion zu beschließen, würde ich gerne über eines der wichtigsten Dinge sprechen, die Sananda in diesem gesamten Kapitel erwähnt hat, den Hinweis auf die „universelle Kirche". Dieses Buch beinhaltet Lehren dieser universellen Kirche, nicht die einer fundamentalistischen Kirche auf Erden oder des New Age Verständnisses vom Christentum. Daher sprechen die Geistige Welt, Sananda, die Meister und ich davon, zum „integrierten Christus des breit gefächerten Bewusstseins" zu werden. Wir reden nicht nur vom Christusbewusstsein, sondern auch vom spirituellen Christus-/ Buddha-/Gottesbewusstsein. Denn diese universelle Kirche, von der Sananda spricht, ist eine Kirche, in der alle Wege zu Gott führen, in der Christus als der zweite Aspekt der Dreieinigkeit (nicht Jesus) durch den Buddhismus, Hinduismus, das Judentum, den Islam, den Taoismus, den Konfuzianismus und alle großen Weltreligionen und spirituellen Wege realisiert werden kann. Die universelle Kirche gehört nicht Sananda, sondern auch Buddha, Moses, Krishna, Lao Tse, Konfuzius, Mohammed, Rama, Quan Yin, Metatron, Djwhal Khul, Melchizedek, Mahatma und allen Aufgestiegenen Meistern und Himmelsscharen. Es ist keine christliche Kirche, sondern eine Kirche oder ein Tempel aller Religionen und wie Sananda sagte, ist sie die

Integration von Ost und West. Jede Religion mag unterschiedliche Begriffe nutzen, wie Brahma, Vishnu und Shiva anstatt Gott, Christus und der Heilige Geist, nur als ein Beispiel, doch die Erkenntnis ist dieselbe. Es ist eine integrierte breit gefächerte Kirche. Du warst immer in dieser universellen Kirche, doch dieses Buch wie auch die anderen Bücher, weihen dich bewusster darin ein.

In diesem letzten Abschnitt möchten die Geistige Welt, Sananda und die Meister gern betonen, dass „das Jüngste Gericht" oder der „spirituelle Erkennungstag" kommen wird, gemäß dem Zitat: *"Die Spreu muss vom Weizen getrennt werden."* Die Geistige Welt, Sananda, die Meister und ich streben eine „spirituelle Ernte" an, um so viele der „integrierten breit gefächerten Christuswesen" und „integrierten Aufgestiegenen Meister" und „integrierte ICH BIN Meister" wie möglich zu erlangen.

In diesem Moment hast du eine grundlegende Entscheidung zu treffen, ob du Teil der „Aufstiegsernte" sein möchtest oder ob du zum „Feuerofen" zurückkehren und von den Feuern des Lebens geprüft werden möchtest. Entscheide, wem du dienen willst. Wie Josua (Jesus) sagte: *„...wählt euch heute, wem ihr dienen wollt... Ich aber und mein Haus wollen dem Herrn dienen."* Wenn du dies tust, wirst du dich selbst und all diejenigen, die du berührst, über den Fluss Jordan (der ein Symbol für die göttliche Linie zwischen dieser Welt und dem Himmelsreich ist) hin zum „Gelobten Land aus Milch und Honig" (dem Königreich Gottes) führen.

Ist dies nicht des Opfers wert? Denn vergiss niemals, dass du nicht das „Kreuz ohne die Krone" haben kannst. Wenn du die Krone des Lebens haben willst, dann musst du das negative Ego, das niedere Selbst, Trennung, Angst, Opferbewusstsein, schlechte Angewohnheiten,

Süchte, falsche Götter, falsche Türen, Götzen, niedere Perlen, alternative Geliebte, fleischliche Begierden, das Biest, den Drachen, den Leoparden mit den sieben Köpfen und den zehn Hörnern, egoistische Motivationen, Anhaftungen, Selbstverwöhnung, Gefräßigkeit, Überidentifizierung mit den sieben Sinnen, Materialismus, Hedonismus, die 33 Todsünden und die vier Biester dem Kreuz überbringen.

Wir alle haben unser Kreuz zu tragen und wir müssen dies mit Gleichmut, Frohsinn und Freude tun, denn auch Meister Jesus lachte auf seinem Kreuzweg, wie es in der Akasha-Chronik und dem Buch des Lebens geschrieben steht. Er ist die Wahrheit, der Weg und das Leben. Jesus erfüllte das Christusmuster und zeigte, dass dies gemeistert werden kann. Dies taten auch Buddha, Krishna, Mohammed, Lao Tse und die Aufgestiegenen Meister. Wir können dir all die Informationen geben und es dir sehr einfach machen. Es liegt jedoch an dir, dich um „das Geschäft des Vaters zu kümmern" und diese Lehren im täglichen Leben zu integrieren, synthetisch einzubringen, anzuwenden, zu verdauen, zu sein, zu demonstrieren und zu verkörpern.

Ich würde diese Lektion gern mit dem schönen Zitat aus der Bibel beenden, das sich genau auf diesen Punkt bezieht. Dieses Zitat sollte dir die Motivation geben, die du benötigst, um die Opfer zu bringen, die du bringen musst, welche in Wahrheit gar keine Opfer sind, aber sich manchmal so anfühlen. In der Bibel heißt es: "Was kein Auge gesehen hat und kein Ohr gehört hat und in keines Menschen Herz gekommen ist, was Gott bereitet hat denen, die ihn lieben." Können die schäbigen, einfachen Freuden der Erde verglichen werden mit den „unergründlichen Geschenken und Segnungen, die Gott für diejenigen bereithält, die ihn lieben"? Es ist keine Frage. Wie Jesus in Ein Kurs in

Wundern sagt: „Es ist eine Wahl zwischen Wirklichkeit und Illusion." Es ist eine Wahl zwischen allem oder nichts. Es ist eine Wahl zwischen einem Sandkorn oder zum unendlichen Omniversum zu werden.

"Sei getreu bis an den Tod, so will ich dir die Krone des Lebens geben." Möchtest du die Krone des Lebens oder die Dornenkrone? Wähle, wem du dienen willst. Das Königreich Gottes wird dir in diesem und den anderen Büchern auf einem „Silbertablett" serviert. Noch nie in der Geschichte der Welt wurde dies so einfach verständlich und leicht umsetzbar dargeboten. Dir wird von Gott, Christus, dem Heiligen Geist und den Aufgestiegenen Meistern angeboten, in diesem Leben zum „lebendigen Christus" zu werden. Oder würdest du noch tausend weitere Inkarnationen im „Feuerofen, mit Heulen und klappernden Zähnen" bevorzugen? Möchtest du Adam oder Jesus Christus sein. In diesem Moment wird dir die Möglichkeit geboten, dies in einem Leben zu tun. Warum nicht diese Inkarnation zum „Leben aller Leben" machen? Das Hochzeitsfest ist vorbereitet. Gott, Christus und der Heilige Geist warten nur darauf, dass du deine Entscheidung triffst und ihr treu bleibst. Der Weg wurde klar aufgezeigt. Wie Konfuzius sagte: „Die letzte 1000 Meilenreise beginnt mit dem ersten Schritt." Indem du nun diesen Schritt tust, ist das Ergebnis unausweichlich und die Engel im Himmel freuen sich. Der verlorene Sohn, die verlorene Tochter kehren nun zurück nach Hause.

So steht es geschrieben! So soll es geschehen!

Lektion 15

Sananda Gleichnis – 5

„Das Himmelreich gleicht einem Menschen, der guten Samen auf seinem Acker säte..." Matthäus 13:24

„Das Himmelreich gleicht einem Menschen, der guten Samen auf seinen Acker säte. Als aber die Leute schliefen, kam sein Feind und säte Unkraut zwischen den Weizen und ging davon. Als nun die Saat wuchs und Frucht brachte, da fand sich auch das Unkraut. Da traten die Knechte zu dem Hausvater und sprachen: Herr, hast du nicht guten Samen auf deinen Acker gesät? Woher hat er denn das Unkraut? Er sprach zu ihnen: Das hat ein Feind getan. Da sprachen die Knechte: Willst du denn, dass wir hingehen und es ausjäten? Er sprach: Nein. Damit ihr nicht zugleich den Weizen mit ausrauft, wenn ihr das Unkraut ausjätet. Lasst beides miteinander wachsen bis zur Ernte; und um die Erntezeit will ich zu den Schnittern sagen: Sammelt zuerst das Unkraut und bindet es in Bündel, damit man es verbrenne; aber den Weizen sammelt mir in meine Scheune."
Matthäus 13:24-30
(Unkraut sieht aus wie Weizen, nur erkennbar zur Erntezeit.)

SANANDA:

"Meine geliebten Nachfolger, ihr lebt in einer Zeit, in der euch diese Situation nicht sehr geläufig ist. Doch stellt euch einen Bauernhof vor, an dem Weizen angebaut wird, der zusammen mit etwas, das dem Weizen sehr ähnlich ist,

187

wächst. Ihr könnt den Unterschied nicht wirklich erkennen. Ihr könntet versuchen, dieses andere Kraut auszureißen. Aber die Zeit dafür ist noch nicht reif. Und warum? Weil ihr mit dem Unkraut auch den Weizen ausreißen könntet. Heute gibt es das Wahre zusammen mit dem Unwahren, doch lasst euch nicht beirren. Die falschen Dinge gehören selbst dem spirituellen Bereich, den Lehrern, Gurus und spirituellen Führern usw. an.

Das Wichtige ist, dass ihr mir treu bleibt. Vielleicht, meine Nachfolger, werdet ihr zudem erkennen, wie viel Geduld ich den Menschen auf der Erde entgegen bringe und wie beständig meine Liebe zu meinen Nachfolgern ist. Ich empfinde Mitgefühl und bin fürsorglich gegenüber den unterschiedlichsten Menschen. Meine Liebe ist langmütig und ich wünsche nicht, euch mit den Bösen zu vernichten.

Wenn ihr untereinander als Lichtarbeiter arbeitet, gibt es auch viel Unkraut unter den Lichtarbeitern. Habt Geduld miteinander. So wie ich auch. Ihr müsst euch kontinuierlich um das Geschäft des Vaters kümmern und als Resultat werdet ihr stark und schön, so kräftig und wohlschmeckend wie der Weizen. Dies ist eine Zeit der Ungewissheit, der Falschheit, der Unsicherheit und der Täuschung. Aber zur Ernte, zur Reifezeit, wird das, was verborgen und getarnt in der Dunkelheit war, ans Licht kommen. Überlasst das Urteil mir. Urteilt nicht, doch erlaubt dem Bösen mit dem Bösen zu entkommen. Nehmt daran nicht teil. Derartige Seelen werden Leben und Inkarnationen benötigen, um sich zu ändern. Doch ihr, seid Arbeiter auf meinem Acker, denn ich brauche euch, bis die Erntezeit gekommen ist.

Lasst euch durch solche Beirrungen nicht aus der Fassung bringen, denn jeder wird entsprechend gemessen werden. Kommt zu mir und werft all eure Sorgen auf mich, denn ich kümmere mich sehr um meine Nachfolger. Folgt ihr mir nach?"

Sananda/Jesus offenbart hier eine große Weisheit, welche im Gleichnis der Unterscheidung zwischen dem „Unkraut" und dem „Weizen" steckt. Der Schlüssel hierbei ist die spirituelle Unterscheidungskraft. Dies mag die am schwächsten entwickelte spirituelle Christus-Buddha/Gottes-Qualität auf dem gesamten Planeten und in der New Age - Bewegung und in der Religion sein. Das liegt daran, dass die meisten spirituellen Führer, religiösen Führer und Lichtarbeiter nicht vollständig in spiritueller Psychologie ausgebildet wurden, so wie die Geistige Welt und die Aufgestiegenen Meister es sind. Die meisten Menschen erkennen das negative Ego mit seinem angstbegründeten, trennenden Denken und Fühlen, aber das spirituelle Christus-/Buddha-/Gottesbewusstsein in integrierter und ausgeglichener Art verstehen sie nicht.

Die meisten Menschen unterscheiden nicht das begrenzte Filtersehen von der Betrachtung durch das integrierte breit gefächerte Bewusstsein. Die meisten Menschen besitzen keine 100 %-ige Meisterschaft über ihre Gedanken, Gefühle, Emotionen, Energien, physischen Körper und das Erdenleben. Die meisten Menschen erkennen diese unglaubliche Bedeutung der Entwicklung und Erweiterung des Bewusstseins nicht und wie dies alle Aspekte des Lebens beeinflusst. Das große „Gesetz des Bewusstseins" lautet: Das, was du nicht in dir siehst, das kannst du auch nicht in den anderen sehen. Daher sehen so viele Menschen nicht durch die Verunreinigung der Religion, sie folgen falschen Propheten und falschen Lehrern und sehen nicht durch den Wolf im Schafspelz hindurch. Sie sehen nicht die übertünchten Gräber, die von außen hübsch aussehen, aber innen sind sie voller Totengebeine und lauter Unrat. Sie erkennen nicht den Unterschied zwischen dem „Unkraut und dem Weizen", denn solange der Weizen nicht voll gediehen ist, kann man den Unterschied nicht erkennen.

Um dies zu erkennen, bedarf es großer spiritueller Unterscheidungskraft. Die Menschen meinen, dass sie große spirituelle Unterscheidungskraft besitzen würden, doch sie haben sie nicht. In Wahrheit leiden die Menschen in großem Ausmaß an spiritueller und psychologischer Blindheit. Wie Johannes in der Bibel sagt: *„Wo ich einst blind war, kann ich nun sehen."*

Was die meisten Menschen nicht erkennen, ist, dass es drei Ebenen der Blindheit gibt. Die spirituelle Blindheit, was ein Mangel an Hellsichtigkeit bedeutet, Blindheit im Bewusstsein und psychologische Blindheit, was das Fundament des Lebens ausmacht und die physische Blindheit in den verschiedensten Formen, wie zum Beispiel Weitsichtigkeit, Kurzsichtigkeit usw. Die Wahrheit ist, dass wir nicht mit unseren Augen sehen, sondern mit unserem Bewusstsein. Jeder Gedanke ist ein Filter, durch den wir sehen, und zudem auch jedes Gefühl, jede Emotion, jeder Glaube, jede Philosophie, jede Psychologie, jede Teilpersönlichkeit und jedes kleine Teil an Programmierungen. Auch Johannes der Täufer war blind, er war in einem vergangenen Leben Meister Kuthumi und daran erkennst du, dass die meisten Menschen auf der Erde auch teilweise blind sind.

Das Problem ist, dass die meisten Menschen dies nicht verstehen, denn die Natur des Bewusstseins ist, das, was immer man siehst, demjenigen „real" erscheinen zu lassen, der es sieht. Selbst unsere Träume in der Nacht scheinen real zu sein, bis wir aus dem Schlaf erwachen. Die Wahrheit ist, dass die meisten Menschen mit geöffneten Augen schlafen, sie erkennen es nur nicht. Die Programmierung der Persönlichkeit und des negativen Egos, das Massenbewusstsein und das limitierte Filtersehen kontrollieren sie und sie erkennen dies nicht. Wie Melchizedek, der Universelle Logos, mir einst erzählte, sehen die meisten Menschen durch den Filter einer Fliege. Spirituelle Führer der

New Age - Bewegung sind meistens in ihren spirituellen Körpern entwickelt, doch nicht in ihrem Bewusstsein und in umfassender spiritueller Psychologie. Massenweise Schüler folgen ihnen auf Grund ihrer spirituellen Gaben und erkennen nicht oder nehmen spirituell das „Unkraut neben dem Weizen" nicht wahr. Sie erkennen nicht, dass ihre spirituellen Lehrer, Channel und so genannten Führer blind sind. Die Blindheit und massive Anzahl toter Winkel in ihrem Bewusstsein und ihrer spirituellen Psychologie verursachen große Verunreinigung ihrer spirituellen Gaben und Talente, wie im Channeln, Hellsehen, Seelenreisen, Heilen, Lehren, wissenschaftlichen Lehren usw.

Wir sehen die enorme Verunreinigung in den traditionellen Religionen durch das negative Ego. Wir erkennen dies im fundamentalistischen Christentum in dem bizarren Glauben, den die Kirche lehrt, wie Ursünde, ein wütender und bestrafender Gott und das Jüngste Gericht von ihnen interpretiert wird, wie verurteilend und egozentrisch sie sind und in der Vermessenheit, dass alle, die nicht so glauben wie sie, vom Teufel sind.

Die Lehren von Jesus wurden durch fundamentalistische Christen völlig fehlinterpretiert. Es fehlt ihnen der Glaube an vergangene Leben. Sie glauben, dass die Menschen physische Körper sind und nicht Seelen. Im Judentum glauben sie an einen Gott des Alten Testaments, der nicht der Gott der Liebe ist. Im traditionellen Buddhismus glauben sie an gar keinen Gott, was sehr amüsant ist. Eine Religion, die Gott ganz aus dem Spiel lässt. Im islamistischen Glauben sehen wir, wie viele an Gewalt als Teil von Mohammeds Lehren glauben, obwohl er dies gar nie gelehrt hat. Im Hinduismus gibt es das Kastensystem. Das negative Ego hat die Religionen und die New Age - Bewegung durchzogen. Das Gesetz des Bewusstseins und des Geistes ist, das, was immer ein Mensch denkt, das scheint für ihn wahr zu sein, selbst wenn es das nicht ist. Wenn Jesus sich nun in diese Welt inkarnieren würde, dann würde er von den meisten abgelehnt werden und viele würden ihn auf einen Sockel erheben anstatt den Christus im Inneren zu finden. Viele denken, dass er nun bereits inkarniert ist oder dass er kommen wird, aber dem ist nicht so. Es ist an der Zeit zu erkennen, dass Christus im Inneren ist, alle Religionen zu ehren und zu respektieren und nicht selbstgerecht zu denken, dass nur die eigene Religion die Wahre ist und die Einzige, die zu Gott führt. Sananda/Jesus glaubt nicht daran, wie er bereits öfter in diesem Buch dargelegt hat. Er glaubt an eine Kirche des universellen breit gefächerten Bewusstseins, so wie es alle Aufgestiegenen Meister tun.

Die New Age - Bewegung ist voller „Unkraut" und nicht voller „Weizen". Viele sehen aus wie spirituelle Lehrer, Channels, Geisteswissenschaftler, Übersinnliche und Heiler, aber sie sind es nicht. Sie sind die spirituelle Leiter hinuntergefallen und wurden von ihren Nachfolgern verdorben, die ebenfalls keine spirituelle Unterscheidungskraft besitzen und so folgen sie ihnen die Spirale oder die Korruption und die Verunreinigung hinunter. Die meisten Menschen sehen ihre Mitmenschen nicht so, wie sie wirklich sind, sondern sehen nur das, was sie von ihnen glauben und erkennen dies nicht. Ihr Geist arbeitet so schnell, dass sie denken, dass das, was sie sehen, wirklich außerhalb von ihnen ist und erkennen nicht, dass sie nur die Projektion ihrer eigenen Gedanken in den Menschen und in der Welt sehen. Wie Sananda sagte, dies ist eine Zeit der Ungewissheit, der Falschheit, der Unsicherheit und der Täuschung. In den östlichen Religionen nennen sie es die Phase der Erdevolution, auch Kali Yuga genannt.

Einer der besten Wege, den spirituellen Weg zu verstehen, ist, das Alte und das Neue Testament nicht nur als wortwörtliche Geschichten zu sehen, sondern jede Person und jedes Symbol in der Bibel (die Jesus zum größten Teil schrieb und die von ihm handelt) als ein Teil deines Selbst zu erkennen, so, als würdest du deine Träume deuten. Jeder Teil eines Traums ist ein Teil von dir. Dies ist der „mystische oder esoterische" Weg, wie die Geistige Welt und die Meister möchten, dass du die Bibel betrachtest, damit du so viel Weisheit und Wissen wie möglich daraus entnehmen kannst. Lasst uns das Gleichnis der Trennung des *„Spreus vom Weizen"* aus biblischer Perspektive betrachten.

Wir alle müssen in unserem Inneren den *„roten Drachen"* überwinden, der das negative Ego ist; das Rebellische, das Teil von uns ist. Wir müssen als *„König des Abgrunds"* sterben, wie es in der Johannes Offenbarung geschrieben steht, was Eigenwille und Gier bedeutet. Wir alle müssen uns aus der *„Gefangenschaft Babylons"* befreien, welche durch die Gedanken des fleischlichen niederen Selbst gesteuert und ihnen unterworfen ist. Wir müssen uns selbst von *„Goliath"* befreien, dem Teil in uns, mit dem wir mit protzigen falschen Gedanken prahlen und eine Show aus Macht veranstalten; besiegt von der Liebe, die durch *"König David"* repräsentiert wird. Wir müssen vollkommen die Kräfte des *„Fürsten der Luft"* verleugnen und überwinden, welcher der Hauptgegner Gottes im hiesigen Universum ist. Wir müssen zudem den *„Fürsten der Erde"* überwinden, welcher der Führer der materialistischen Kräfte der Erde ist. Wir müssen den *„ungläubigen Thomas"* überwinden, den Teil unseres Selbst, der durch den Heiligen Thomas verkörpert wird, welcher einer der Apostel ist, der nur glauben konnte, nachdem er physisch mit seinen Augen sah. Wir dürfen den Christus im Inneren nicht verleugnen, wie es *„Petrus drei Mal tat, bevor der Hahn krähte"*. Wie oft verleugnen wir den Christus in uns jeden Tag?

Wir müssen den „Nikodemus-Teil" und den "Pharisäer-Teil" in unserem Bewusstsein überwinden, welcher die äußeren Formen der Religion darstellt ohne ihre wahre Bedeutung zu verstehen und ihn beobachten. Wir müssen die „Geldwechsler im Tempel" vertreiben, welche die unehrlichen Gedanken des Materiellen und der Habgier sind. Wir müssen „Lazarus" auferstehen lassen, so wie es Meister Jesus tat, was bedeutet, die Aspekte des Selbst auferstehen lassen, die im Grab liegen, was unsere Auferstehung aus dem psychologischen und spirituellen Tod bedeutet. Meister Jesus bezieht sich darauf, wenn er sagt, dass wiedergeboren werden sowohl das Spirituelle als auch das Psychologische mit einschließt. Denn es gibt drei Ebenen der Auferstehung von den Toten. (Spirituell durch das Bewusstsein, psychologisch und physisch). Wir dürfen nicht blind werden, wie der „Heilige Paulus vor seiner Bekehrung", durch den Glauben an eine formelle Religion, welche die wahre Natur des Christus ablehnt. Wir müssen den „Fürsten dieser Welt", Satan, überwinden, der das negative Ego und das niedere Selbst ist, dem Jesus in der Wüste für 40 Tage und 40 Nächte gegenüberstehen musste, was die Zeit ist, die zur Reinigung benötigt wird. Wir müssen den "Salome-Teil" in uns überwinden, die von Herodes alles haben konnte, aber nach dem Kopf von Johannes dem Täufer fragte. Wie häufig fragen die Menschen in ihrem Leben symbolisch nach dem Kopf von Johannes dem Täufer, im Bestreben nach ihrer Religion oder ihrem spirituellen Weg zu leben? Salome ist die täuschende Freude der sexuellen Sinnesempfindung und der Selbsttäuschung.

Wir müssen das „Einschlafen im Garten Gethsemane", wie es die Apostel taten, überwinden, als Jesus sie bat, Wache zu halten. Wie oft schalten die Menschen auf einen Automatismus um und sind gegenüber dem Christus im Inneren nicht wachsam, wie sie es eigentlich sein sollten?

Wir müssen das *„Biest des Abgrunds"* überwinden, was das Symbol des Begehrens des niederen Selbst, der Leidenschaften und der Instinkte ist.

Wir müssen den *„Herodes-Teil"* in uns überwinden, der vom niederen Selbst und dem Sinnesbewusstsein gesteuert wird.

Wir alle müssen im Leben durch die *„Bedrängnis der zehn Tage"* gehen, wie es in der Bibel heißt, was eine Zeit der Prüfung und der Reinigung ist. Die Zahl Zehn ist die symbolische Bedeutung eines Neubeginns, einer höheren Frequenz und Schwingung des Verstehens, der durch Prüfung und Reinigung erlangt wurde. Dies wird begleitet von der Vollendung des *„letzten Abendmahls"*, was ein Symbol der Vorbereitung der großen spirituellen Prüfungen und Lektionen ist.

Wir alle müssen den *„König Saul-Teil"* in uns überwinden, welcher der König vor und während der frühen Jahre des Lebens von König David war. König Saul symbolisiert den verwirrten Geist, der von der Geistigen Welt abgeschnitten ist.

Wir alle müssen den *„Turm von Babel-Teil"* in uns überwinden, welcher Trennungsbewusstsein und Verwirrung ist. Es ist ein falsches Konzept, dass die höchste Wahrheit durch die Ausübung der niederen geistigen Fähigkeit erreicht werden kann. Folglich versuchten die Menschen, den Turm von Babel vom falschen Bewusstseinszustand aus zu bauen, was sie nur in die Trennung und Verwirrung führte. Wie oft bauen wir den Turm von Babel in unserem eigenen Leben?

Wir müssen den *„Pharao-Aspekt"* in uns überwinden, der das niedere, materialistische, unbewusste Selbst, das negative Ego, ist.

Wir müssen „*Gog und Magog*", die egoistischen Gedanken, in uns überwinden, die uns vor den spirituellen Christus-/Buddha-Gottesgedanken warnen. Dies ist zudem ein symbolischer, weltlicher Einfluss.

Wir müssen den „*Jezebel-Aspekt*" unseres Selbst überwinden, welcher Begierde, die Sinnlichkeit des niederen Selbst, das negative Ego und die Selbsttäuschung ist.

Wir müssen zudem den „*Nebukadnezar-Aspekt*" des Selbst überwinden, welcher der Wille des durchdringenden Intellekts und auf materielle Themen fokussiert ist.

Wir müssen lernen, den „*Rotes Meer-Aspekt*" des Selbst zu überwinden. Dies sind die turbulenten wütenden Gefühle und Emotionen, die Moses durch das Beruhigen des Meeres meisterte und somit einen sicheren Weg für die jüdischen Menschen schuf, damit sie aus der Knechtschaft in Ägypten entkommen konnten, welches die Knechtschaft des Materialismus und des Begehren des niederen Selbst symbolisiert und sie frei von Sklaverei dieses Aspekts des Selbst sein konnten. Erkennst du die Tiefgründigkeit und die gesamte neue Welt der Bedeutung, die sich dir auftut, indem du die Bibel aus dieser Perspektive betrachtest? Die Geistige Welt, die Meister und ich meinen nicht, dass du sie nicht auch als einen historischen Bericht der jüdischen Menschen und des Kommens des Messias betrachten kannst, doch um das meiste aus dem Alten und Neuen Testament zu gewinnen, muss man jeden Aspekt der Bibel als einen Teil des Selbst betrachten. Die Bibel ist die Geschichte der Evolutionsreise von Adam zum Jesus, dem Christus, und die Geschichte der Adamischen Rasse, die sich in der Entwicklung zum Christus befindet.

Wir müssen zudem den *„barbarischen Aspekt des Selbst"* überwinden, welches der Aspekt des Selbst ist, der für den spirituellen Zweck kämpft, dies aber mit Gewalt und nicht mit Liebe und in Frieden tut. Es ist ein fehlgeleiteter Aspekt des Selbst, dem viele in der Welt folgen.

Wir müssen alle den *„Maria Magdalena-Aspekt"* in uns überwinden, der all die ehebrecherischen und alternativen Geliebten, die wir neben Gott haben, symbolisiert.

Jede Seele muss den *„Delila-Aspekt"* des Selbst überwinden, der Sinnlichkeit und Sexualität als eine böse Verführerin zum Selbstzweck und im Selbstinteresse ausnutzt statt im göttlichen Sinne und gemäß dem göttlichen Willen.

Wir müssen den *„Absalom-Aspekt"* des Selbst überwinden, welcher der Sohn des König David war, der gegen seinen Vater rebellierte und sein Königreich an sich reißen wollte. Absalom ist das Symbol für physische Schönheit ohne Spiritualität. Er hatte die Liebe des König Davids für physische Schönheit ohne das spirituelle Verständnis, was zum Tod führte. König David hatte auch eine Lektion zu lernen, denn er liebte Absalom zu sehr, mehr noch als Gott und seine spirituelle Unterscheidungskraft, was ihn spirituell und sein Königreich fast abstürzen ließen. Wie häufig lieben die Menschen zu sehr, wie Abraham, der von Gott gefragt wurde, Isaak zu opfern, weil Abraham Isaak, seinen Sohn, vor Gott stellte. Jede Seele muss diesen Test bestehen.

Um in der Lage zu sein, *„die Spreu vom Weizen"* unterscheiden zu können, müssen wir zuerst in der Lage sein zu erkennen, wie das negative Ego mit seinem angstbegründeten, trennenden Denken in unserem Bewusstsein arbeitet. Der zweite Schritt ist dann, „jegliche

Gedanken und Gefühle, die nicht von Gott sind, zu verleugnen", wie es Meister Jesus in *Ein Kurs in Wundern* aufzeigt und sie mit dem entgegengesetzten spirituellen Christus-/Buddha-/Gottesbewusstsein zu ersetzen.

Meine geliebten Leser, wir werden uns das Alte und Neue Testament im Sinne der biblischen Symbolik ein bisschen näher hinsichtlich der Symbolik und Persönlichkeiten betrachten, die für uns zur Umsetzung wichtig sind.

Um zu lernen, *„die Spreu vom Weizen"* zu unterscheiden, müssen wir so wie die jüdischen Menschen beschnitten werden. Ich spreche nicht von physischer Beschneidung, sondern von der spirituellen und psychologischen Beschneidung. Beschneidung ist das Wegschneiden sterblicher Neigungen, gemeinsam mit der Reinigung der Seele und des Geistes. Dies war die symbolische Bedeutung dessen, warum die jüdischen Menschen dahin geführt wurden. Wir alle müssen dies in unserem eigenen Leben symbolisch tun.

Jeder von uns muss in seinem Leben Dinge integrieren, um spirituelle Unterscheidungskraft - *"die Weisheit Salomons"* - zu erreichen. Wir müssen zudem die innere Stärke des Samson entwickeln. Delila schnitt ihr Haar ab; das Haar steht als Symbol für den Geist. Als ihr Haar abgeschnitten war, verlor Samson seine geistige Stärke und persönliche Kraft. Da unsere Gedanken unsere Realität formen, bedeutet das Verlieren seiner geistigen Stärke den Verlust der Stärke auf allen Ebenen, was bei Samson dann auch geschah. Obgleich er am Ende seines Lebens seine Stärke zurückgewann und dann den bösen Tempel zerstörte, was wir alle tun müssen. Wir dürfen nicht erlauben, dass unser Haar symbolisch auf unangebrachte Weise abgeschnitten wird.

Wir alle müssen den „*Isaak-Aspekt*" des Selbst integrieren, welcher die Seelenqualität der „Aufopferung, Geduld und Freude" hinsichtlich des neuen Lebens im spirituellen Christus-/Buddha-/Gottesbewusstsein ist.

Wir alle müssen den „*König David-Aspekt*" des Selbst integrieren. König David war ein „*Mann nach Gottes eigenem Herzen*". Wie wir in einem vorherigen Kapitel erwähnten, sagte der Universelle Geist durch Edgar Cayce: „Es geschah nicht, weil er frei von Fehlern war, er hatte seine Charakterfehler und musste seine Lektionen lernen, wie wir alle, doch seine Hoffnungen, seine Ängste und seine Ideale waren kontinuierlich Gott unterworfen."

Wir alle müssen den „*Abraham-Aspekt*" des Selbst integrieren. Abraham symbolisiert den „*Ruf Gottes*". Wir alle müssen auf diesen Ruf in unserem Leben hören.

Jeder Mensch muss zudem den „*Noah-Aspekt*" des Selbst integrieren. Noah war ein „*gerechter Mann Gottes*", zu dem wir alle werden müssen. Noah symbolisiert auch, gemäß dem Universellen Geist durch Edgar Cayce, die „Reinheit; das Bewusstsein, das in Gott ruht; die Gehorsamkeit, durch die der Samen für ein neues Bewusstsein gelegt wird; denn, wenn der Mensch Gott gegenüber gehorsam ist, dann wird der Mensch nie von negativen Zuständen überrannt werden".

Wir alle müssen auch den „*Prophet Daniel-Aspekt*" des Selbst integrieren. Daniel symbolisiert die Fähigkeit, seinen Glauben und sein Vertrauen in Gott aufrechtzuerhalten, wenn man sich in einer Höhle voller Löwen befindet, entweder physisch oder symbolisch. Symbolisch oder psychologisch bedeutet dies, wenn wir uns selbst in unserem eigenen Leben im Büro, in einem Raum oder auf einer Party voller negativer Menschen befinden und lernen müssen, unser

Zentrum, unsere Ruhe und unseren vollkommenen Glauben und unser Vertrauen in Gott zu bewahren.

Wir alle müssen lernen, „Aaron" zu integrieren, welcher der Sprecher für den „Moses-Aspekt" des Selbst ist. Aaron hatte die Fähigkeit, das Wort Gottes zu sprechen und dies ist etwas, das jeder Mensch entwickeln muss. Der Universelle Geist sagte durch Edgar Cayce, dass er zudem die „herrschende Macht und den Hohepriester des intellektuellen Bewusstseins" symbolisiert und er repräsentiert „Abel" in der Geschichte von Kain und Abel, auf einer höheren Ebene des Bewusstseins.

Wir alle müssen lernen, auch den „Erzengel Gabriel-Aspekt" des Selbst zu integrieren, welcher das Maskuline oder die Weisheit des göttlichen Plans im Menschen symbolisiert.

Jeder Mensch muss zudem lernen, den „Tempel von Salomon-Aspekt" des Selbst zu integrieren. Gemäß dem Universellen Geist durch Edgar Cayce symbolisiert der „Tempel Salomons" den regenerierten Körper des Bewusstseins, den beständigen Tempel Gottes und den unsterblichen Körper des Lichts.

Sowohl Mann als auch Frau müssen den „Ruth-Aspekt" des Selbst integrieren. Ruth symbolisiert die Liebe, die Reinheit, die Süße, die Schönheit und die Beständigkeit des Willens aus femininer Perspektive.

Jeder Mensch muss auch den „Berg Sinai-Aspekt" des Selbst integrieren. Dies ist der Berg, den Moses bestieg, was ein Symbol für den spirituellen Berg ist, den wir alle besteigen müssen, um einen höheren Zustand des Bewusstseins und der Gemeinschaft mit dem

„*brennenden Busch*", der ein Symbol für die Gemeinschaft mit Gott, dem ICH BIN das ICH BIN ist, zu erhalten.

Jeder Mensch muss den „*Prophet Samuel-Aspekt*" des Selbst integrieren, welcher spirituelle Unterscheidungskraft und die Beurteilung durch die innere Stimme, die Stimme der erkennenden Weisheit, ist.

Wir alle müssen den „*Rebekka-Aspekt*" des Selbst integrieren, welcher ein Symbol der Seelenfreude für Schönheit ist.

Wir alle müssen den „*Erzengel Michael-Aspekt*" des Selbst integrieren, welcher göttliche Inspiration und die Erkenntnis der alles besiegenden Macht Gottes ist.

Wir alle müssen den „*Prophet Jesaja-Aspekt*" des Selbst integrieren, der ein Symbol für spirituelles Verstehen ist.

Wir alle müssen den „*Prophet Ezechiel-Aspekt*" des Selbst integrieren, der den Aspekt in unserem Bewusstsein symbolisiert, der die „*Stärke Gottes*" ist. Dieser Teil unseres Bewusstseins ist angewiesen auf den Geist und ermutigt uns, all unser Vertrauen in Gott zu setzen.

Wir alle müssen den „*Ester-Aspekt*" des Selbst integrieren, der die auflösende Macht der spirituellen Liebe und das Gegenmittel für diktatorischen Willen ist.

Wir alle müssen den „*Israel-Aspekt*" des Selbst integrieren, welches der „Wahrheitssucher" ist.

Wir alle müssen den „*Engel aus dem Osten*" integrieren, der den Beginn des Erwachens des Bewusstseins symbolisiert.

Wir alle müssen symbolisch unseren „*rechten Fuß auf dem Meer*" haben, was das richtige Verstehen unserer emotionalen Natur symbolisiert.

Wir alle müssen unseren „*linken Fuß auf dem Land*" haben, was das richtige Verstehen der physischen Natur symbolisiert.

Wir alle müssen den „*eisernen Stab*" integrieren, der unsere Selbstmeisterung symbolisiert.

Wir alle müssen die „*Siegel des Lammes*" integrieren und entwickeln, welche das Bewusstsein der Christuspräsenz im Inneren darstellen.

Wir alle müssen symbolisch die Herrschaft über das "*gläserne Meer mit Feuer vermengt*" haben, wie es in der Johannes Offenbarung beschrieben steht, was ein Symbol unserer Emotionen ist, die durch Klärung zur Ruhe gebracht werden.

Wir alle müssen den „*Rauch der Herrlichkeit Gottes*" meistern und integrieren, wie es in der Johannes Offenbarung geschrieben steht, was ein Symbol für die Fähigkeit ist, die Dinge zu vergessen, die wir vergessen müssen.

Wir alle müssen symbolisch mit dem „*weißen Pferd*" in Berührung kommen, wie es in der Johannes Offenbarung beschrieben steht. Es ist ein Symbol des Erwachens.

Wir alle müssen den „*Hirtenstab*" meistern und integrieren, der ein Symbol für den Energiefluss in den Meditationen ist. Wenn wir den Hirtenstab in unser gesamtes Leben integrieren, dann haben wir unsere Kundalini vollständig erweckt.

Wir alle müssen vom „*neuen Wein*" trinken, wie es Erzengel Metatron beschrieben hat. Es ist das Symbol der Entwicklung des spiritualisierten Bewusstseins.

Wir alle müssen lernen, ein „*Friedensfürst*" zu werden, wie Meister Jesus so wunderbar in seinem Leben als Jesus Christus demonstrierte.

Wir alle müssen die „*Bekehrung des Heiligen Paulus*" integrieren, was ein Symbol für die Seele ist, sich vom Traditionellen, dem Formellen und den Buchstaben der Schriften abzuwenden und sich dem Geist im Inneren zuzuwenden.

Wir alle müssen das „*Allerheiligste*" im Inneren integrieren, welches der physische Ort des Tabernakels der jüdischen Menschen zur Zeit Mose war. Dort befand sich die Bundeslade und die Zehn Gebote. Die esoterische und mystische Lektion ist, in deinem Seelenkörper zum „Allerheiligsten" im Inneren zu reisen und mit Gott in Kontakt zu treten.

Wir alle müssen den „*Heiligen Gral*" im Inneren integrieren, welcher natürlich der Kelch, von dem Meister Jesus am letzten Abendmahl trank, ist. Dies steht symbolisch für den geeigneten Behälter des neuen Weines, um im spirituellen Christus-/Buddha-/Gottesbewusstsein wiedergeboren zu werden.

Wir alle müssen den „*Messias*" meistern und integrieren, welcher der große Avatar und spirituelle Führer ist, auf den die jüdischen Menschen warteten. In Wahrheit war dies natürlich Jesus, doch die meisten der jüdischen Menschen konnten dies nicht erkennen. Die symbolische Lektion ist, dass wir alle zum Messias im Inneren für unser eigenes Selbst werden müssen, um uns so selbst vom großen Feind, der Angst, der Trennung, dem negativen Ego und dem Begehren des niederen Selbst befreien zu können.

Wir alle müssen „*vom Kelch trinken*", wie es Meister Jesus im Garten Gethsemane tat. Jesus betete, dass "*dieser Kelch an ihm vorübergehen möge*", was ein Symbol seines Wissens darüber war, dass er ausgepeitscht, gefoltert und gekreuzigt werden würde, bevor er seine Auferstehung erreichen konnte. Er sprach jedoch in seinem Gebet: "*Mein Vater, ist's nicht möglich, dass dieser Kelch an mir vorübergehe, ohne dass ich ihn trinke, so geschehe dein Wille!*" Wir müssen lernen, symbolisch „*vom Kelch zu trinken*", den Gott uns einschenkt und den wir im Leben mit unserem Bewusstsein kreieren. Es ist gut, zu Gott zu beten und ihn darum zu bitten, dass er deine Wünsche erfüllt. Wenn dies jedoch nicht geschieht, dann musst du in deinem eigenen Leben „vom Kelch trinken", in Gleichmut, innerem Frieden, Frohsinn und Freude. Lache auf dem Kreuzweg, wie es Jesus tat. Denn wir alle werden symbolisch auf irgendeine Art im Leben gekreuzigt. Sai Baba wurde beispielsweise durch das Internet gekreuzigt.

Wir alle müssen lernen, „*auf dem Wasser zu gehen*", wie es Meister Jesus und Petrus mit der Hilfe von Jesus getan haben, denn dies ist ein Symbol dafür, unser Bewusstsein, unsere Gedanken, Gefühle und Emotionen zu meistern. Petrus ging auf dem Wasser, wenn du dich daran erinnerst, bis er Angst oder Zweifel in seinem Bewusstsein aufkommen ließ. Um auf dem Wasser, oder auf den Emotionen, zu bleiben, müssen wir unsere Gedanken meistern und das negative Ego mit seinem angstbegründeten, trennenden Denken überwinden.

Wir alle müssen die „*24 Ältesten, die den Thron der Herrlichkeit umgeben*" meistern und integrieren, was ein Symbol für die 24 kranialen Nerven im Gehirn ist, die spiritualisiert und aufgerichtet werden müssen, um sich vor Gott und den Engeln niederzuknien.

Wir alle müssen „*Bethlehem*" oder das „*Haus des Brotes*" integrieren. Dies ist ein Symbol und ein Zustand der Reinheit und des Seelenfriedens, in dem der innewohnende Christus geboren werden kann.

Wir alle müssen symbolisch das „*Tragen des Kreuzes*" integrieren, so wie es Meister Jesus tat. Denn wir alle müssen unser Kreuz im Leben tragen. Für einige Menschen liegt es im spirituellen, mentalen, emotionalen, energetischen, irdischen, finanziellen oder gesundheitlichen Bereich und für andere in Form von Beziehungen oder Karriere. Jesus benötigte Hilfe von Simon, als er das Kreuz trug. Wir lernen, dies auch symbolisch umzusetzen, was bedeutet, andere Menschen, Gott, Christus, den Heiligen Geist, die Aufgestiegenen Meister, die Erzengel und Engel und die christusbewussten Außerirdischen uns beim „Tragen unseres Kreuzes" helfen zu lassen. Sie sind froh, uns beim „Tragen des Kreuzes" zu helfen, aber der Schlüssel ist, dass wir uns ihnen hingeben müssen. Wenn wir nicht loslassen, können sie uns nicht beim Tragen helfen.

Jesus sagte, ich bringe nicht den Frieden, sondern das Schwert. Das Schwert ist das Symbol der spirituellen Unterscheidungskraft, das den Weg dafür ebnet, einen Weg zu und für Gott und nicht für den Mammon und das Begehren des niederen Selbst zu wählen.

Meister Jesus beruhigte in einem seiner 36 Wunder, die er wirkte als er auf Erden war, den Sturm. Dies bedeutet symbolisch die Beruhigung des Sturms des Geistes, der Emotionen und der persönlichen Beziehungen und zu lernen, zentriert, ruhig, gleichmütig, friedvoll, kontinuierlich glücklich, liebevoll und harmonisch im Inneren und in allen deinen Beziehungen zu sein.

Meister Jesus sagte: *"Sei getreu bis an den Tod, so will ich dir die Krone des Lebens geben."* Die Krone, von der Jesus spricht, und die Krone, die Maria am Ende der Johannes Offenbarung trägt, ist ein Symbol der Herrschaft über die niedere Natur.

Wir alle müssen den „*Garten Gethsemane im Inneren*" integrieren. Dies ist ein Symbol des Kampfes im Inneren, durch den wir alle gehen, denn vor unserem spirituellen Durchbruch stirbt unser altes Ich und betritt einen neuen Zustand des Bewusstseins.

Wir alle müssen symbolisch die „*Flügel des Adlers*" entwickeln, was ein Zeichen der Fähigkeit des Menschen ist, über jede Situation, jeden Zustand, jede Herausforderung, jede spirituelle Aufgabe und Lektion hinauszuwachsen.

Nun folgt eine Tabelle der Symbolik der 12 Apostel, die euch, wie ich meine, sehr interessant erscheinen wird. Ich fand dies im Buch *Dictionary of the Sacred Languages of All Scriptures and Myths* von G.A. Gaskell und ich möchte sie hier gern anbringen. Ich habe diese Tabelle mit den Informationen aus dem Werk *Science of Mind* von Charles Fillmore ergänzt. Die 12 Apostel repräsentieren im Grunde die 12 Fähigkeiten des Geistes, die spiritualisiert werden müssen. Sie repräsentieren auch die 12 Mächte des Menschen.

Apostel	G.A. Gaskell	Charles Fillmore	Lage im Körper
Petrus	Analytischer niederer Geist	Glaube	Zirbeldrüse
Andreas	Glaube, Erkundung	Stärke	Lenden-wirbelsäule
Jakobus, Sohn des Zebedäus	Hoffnung, Fortschritt	Urteil, Gerechtigkeit, Diskriminierung	Unterer Teil des Solarplexus
Johannes	Liebe, Philosophie	Liebe	Das hintere Herz, kardisches Zentrum
Philippus	Mut, Eindringlichkeit	Macht	Zungenwurzel
Bartholomäus oder Nathaniel	Ausdauer	Vorstellungskraft	Zwischen den Augen
Thomas	Intellektuelle Wahrheitssuche	Verständnis	Vorderhirn
Matthäus	Kritische Bedächtigkeit	Wille	Zentrum des Vorderhirns
Jakobus, Sohn des Alphäus	Bescheidenheit, Empfänglichkeit	Ordnung	Nabel
Simon Kananäus	Sanftmut Aufmerksamkeit	Eifer	Unterer Rücken, Kopf, Medulla
Judas, Bruder des Jakobus oder Thaddäus	Großzügigkeit	Eliminierung oder Entsagung	Niederer Teil des Rückens
Judas	Umsicht	Aneignung oder Bewahrung des Lebens	Zeugungs-funktionen

In der Geschichte des Neuen Testaments über Jesus, müssen wir die *„drei weisen Männer im Inneren und ihre Geschenke"* integrieren. Dies ist ein Symbol der inneren Ressourcen des Geistes, die dem Christusgeist gegenüber offen sind:

Gold = Die Reichtümer des Geistes; lade deine Gedanken mit reichen Ideen auf.

Weihrauch = Die Schönheit des Geistes; spiritualisiere die materiellen Aspekte des Lebens.

Myrrhe = Die Ewigkeit des Geistes; die Macht der Liebe.

In der Bibel erscheint die Zahl 40 sehr häufig. Es ist die Zahl 4, die mit der 0 verschmilzt, welches die Zahl der Unendlichkeit darstellt. Im Folgenden habe ich eine Auflistung der hauptsächlichen Stellen in der Bibel angeführt, an denen die Zahl 40 erscheint. Es ist zudem die Zahl, die benötigt wird, um sich selbst zu reinigen, wie es Jesus tat, als er 40 Tage in der Wüste verbrachte und Moses und die jüdischen Menschen, die 40 Jahre in der Wüste verbrachten. Wir alle müssen diesen Zyklus der 40 Tage im Inneren meistern und integrieren, damit wir der Christus werden können. Ich glaube, du wirst diese Liste recht interessant finden.

Flut und Noah: 40 Tage
Nach der Flut: Noah verbrachte 40 Tage auf der Arche
Goliath fordert die Armee von Saulus heraus: 40 Tage
Die Menschen, die von Moses geschickt wurden, um das Gelobte Land auszuspionieren kamen nach 40 Tagen zurück
Moses und die Israeliten in der Wildnis: 40 Jahre
Josuas Armee zur Schlacht von Jericho zählte 40.000 Männer
Elias versteckt sich auf dem Berg: 40 Tage
Jonas Warnung an Ninive, es wird in 40 Tagen gestürzt

Jesus fastet in der Wildnis: 40 Tage

40 Tage zwischen der Kreuzigung von Jesus und seinem Aufstieg

40 Schläge im *Deuteronomium*

40 Jahre Frieden aus dem *Buch der Richter*

Adam steht im Fluss Jordan und bereut: 40 Tage

König Salomon herrscht: 40 Jahre

Cayce sagt die Prüfung der Menschheit hervor von 1958-1998: 40 Jahre

Schwangerschaft: 40 Wochen

Im folgenden Abschnitt habe ich das Gleiche mit der Zahl 12 getan, die sehr häufig in der Bibel auftaucht. Ihre Hauptbedeutung stellen die 12 Schulen, Universitäten und Herausforderungen des Lebens dar, wie es in der Lehre der Astrologie beschrieben ist. Hier folgen noch einige Aufführungen und Symboliken der Zahl 12, die wir alle meistern und integrieren müssen:

12 Mal Früchte am Baum des Lebens

12 Sephiroth beim kabbalistischen Baum des Lebens

12 Schulen, Universitäten und Herausforderungen des Lebens

12 Hauptnervenzentren im Körper / 12 Kranialnerven

12 Seelen der Überseele

12 Überseelen der Monade

12 Stämme Judäas

12 Söhne Jakobs

12 Fähigkeiten des Geistes

12 Laibe des heiligen Brotes im Tabernakel der Israeliten

12 Psalme des Asaf (vergangenes Leben von Jesus)

12 Tierkreiszeichen

12 Kandidaten, die das Christuskind tragen

12 Apostel/Nachfolger von Jesus

12 Stunden am Tag zwei Mal

12 hauptsächliche körperliche Bereiche

12 Hauptarchetypen

12 Monate

12 Steine, die Elias nahm, um den defekten Altar zu reparieren und einen neuen zu bauen

12 Steine aus dem Fluss Jordan, die in Gilgal zu einem Kreis gesetzt wurden, zur Erinnerung an die Israeliten, die wie durch ein Wunder den Fluss Jordan überquerten, als sie Jericho betraten

Jesus wurde um Mitternacht geboren

Mutter Maria steht, gemäß der Johannes Offenbarung, schwanger auf dem Mond mit einer Krone aus 12 Sternen

Im Alter von 12 Jahren wurde Jesus predigend im Tempel vorgefunden

Und das Meer nahm er von den 12 kupfernen Rindern herunter...

12 Mächte des Menschen

Nun werde ich zuletzt die Zahl 7 mit einbeziehen, welches eine weitere Zahl ist, die häufig in der Bibel zu finden ist. Wir alle müssen lernen, diese Zahl zu meistern und zu integrieren. Hier folgt die Liste der verschiedenen Bedeutungen und Aufführungen in der Bibel.

Schöpfung in 7 Tagen (symbolisch)

7 Chakren

7 Tage in der Woche

7 Öffnungen im Kopf des Menschen

Alle 7 Jahre wird jede einzelne Zelle in unserem physischen Körper ersetzt und erneuert

Vergebung 70 Mal 7

7 Zeitalter

7. Goldenes Zeitalter

7 Prinzipien der Menschen

7 Typen von Menschen und Temperamente

7 Jüngern erscheint Jesus in der Offenbarung

7 Mal Amen im Gregorianischen Gesang

7 Farben des Regenbogens

7 Tugenden und die 7 Todsünden der Menschen

In der bischöflichen Kirche wird das Weihrauchfass 7 Mal in Richtung Gemeinde geschwungen

Die Menora ist ein 7-armiger Leuchter der jüdischen Liturgie

7 Knoten in Mohammeds goldenem Seil, das vom Himmel herabhing

Jesus reinigt Maria Magdalena von 7 Teufeln

7 Jahre Hungersnot und 7 Jahre Reichtum

7-zackiger Stern

7 Arten von Gelenken

7 primäre Farben des Spektrums

7 Hauptnoten der westlichen Tonleiter

7 Schlüsselworte im Gebet des Herrn

Schneewittchen und die 7 Zwerge

7 Vereinbarungen zwischen Gott und den Menschen

7 Herausforderungen von Moses

7 Hauptstrahlen

Der Ausdruck „Adam" ist nicht nur ein Symbol für den Beginn des Falls, sondern er hat auch eine positive symbolische Bedeutung. Seine symbolische Bedeutung ist die "eines Behältnisses mit einem Durchgang, der den Zustrom und den Umgang mit der spirituellen Kraft ermöglicht", gemäß dem Universellen Geist, gechannelt durch Edgar Cayce. Wir alle müssen wie dieses Behältnis oder der Heilige Gral in unserem eigenen Leben werden.

Die letzte biblische Symbolik, die ich hier in diesem Kapitel gern hinzufügen würde, ist die des „letzten Abendmahls". Wir alle müssen das „letzte Abendmahl im Inneren" meistern und integrieren. Dies ist die

Zeit der Vorbereitung auf die großen spirituellen Prüfungen und Lektionen. Es ist auch ein Symbol für eine Zeit des Verrats, den alle Seelen durchschreiten müssen, bevor sie zum Christus werden können. Erinnerst du dich, als Meister Jesus zu Judas sagte, er solle tun, was er tun müsse und er kam nicht aus der Fassung, obwohl er im Voraus wusste, was passieren würde. Er vergab Judas, denn Judas hatte seine Rolle zu spielen und die Geschichte von Jesus hätte nicht vollendet werden können, wenn Judas nicht seine Rolle gespielt hätte. Wir alle müssen lernen, mit Verrat in unserem eigenen Leben auf gewisse Weise umzugehen und wir müssen unser eigenes *„letztes Abendmahl"* einnehmen, um uns auf die großen spirituellen Prüfungen und Lektionen vorzubereiten, die vor denjenigen liegen, die wirklich wünschen, vom Kreuz aufzuerstehen.

Zum Abschluss hoffen die Geistige Welt, Sananda, die Meister und ich, dass du diese Lektion der Trennung des "*Spreus vom Weizen*" in dieser biblischen und symbolischen Art genossen hast. Die Bibel gibt uns eine reiche symbolische Bildersprache, die uns derart klar die Entscheidungsmöglichkeiten aufzeigt, die wir alle in unserem täglichen Leben, Augenblick für Augenblick, antreffen. Es ist die aufrichtige Hoffnung von der Geistigen Welt, Sananda, den Meistern und mir, dass du die Bibel in dieser esoterischen und mystischen Weise nutzt und sie wie einen Traum betrachtest und nicht nur im buchstäblichen Sinn. Denn, wenn man die Bibel wie einen Traum betrachtet, in dem jede Person und jedes Symbol ein Teil deiner Selbst ist, erkennen wir in Wahrheit die Reichtümer, Goldstücke und kostbaren Perlen darin.

Ich beende dieses Kapitel mit einigen Zitaten von Meister Jesus. Erstens, *„Die Wahrheit wird dich frei machen."* Zweitens, um die Bibel aus der symbolischen und mystischen Perspektive zu verstehen, *„wird* sie dir Frieden, der jegliches Verstehen überschreitet, bringen". Schließlich, wie kann man erkennen welche spirituellen Lehrer und Channel wirklich die Wahrheit sagen und welches die falschen Propheten, die falschen Lehrer, die übertünchten Gräber, die von außen hübsch aussehen, aber innen voller Totengebeine und lauter Unrat und die Wölfe in Schafspelzen sind? Wie Meister Jesus sagte: *„An ihren Früchten wirst du sie erkennen."* Nutze dein Schwert der spirituellen Unterscheidungskraft, das Schwert von Meister Jesus und das Schwert der blauen Flamme von Erzengel Michael und unterscheide, ob die Frucht, die dir gebracht wird, auch eine Frucht von hoher Qualität ist, die vom „Baum des Lebens" stammt, der vom „Wasser des Lebens" versorgt wird, welcher vom „Fluss des Lebens" genährt wird. Gib dich nicht mit weniger zufrieden, denn die Religionen und die New Age - Bewegung ist voll von „Unkraut, das dem Weizen gleicht", das aber nicht wirklich Weizen ist. Es ist leicht, getäuscht zu werden. Seid nicht wie die Pharisäer und die Sadduzäer. Werde wie Johannes der Täufer und wie die 12 Apostel im Inneren, und dann, wenn du bereit bist, lass selbst diese Aspekte los und werde zum Menschensohn und zum Sohn Gottes, wie es Meister Jesus tat und werde zum vollständig realisierten „integrierten Christus des breit gefächerten Bewusstseins des Wassermannzeitalters".

So steht es geschrieben! So soll es geschehen! Amen.

Wahrheit erkennen =
wahr nehmen
gewahr sein

Lektion 16

Sananda Gleichnis – 6

„Mit dem Reich Gottes ist es so, wie wenn ein Mensch Samen aufs Land wirft..." Markus 4:26-30

„Mit dem Reich Gottes ist es so, wie wenn ein Mensch Samen aufs Land wirft und schläft und aufsteht, Nacht und Tag; und der Same geht auf und wächst - er weiß nicht wie. Denn von selbst bringt die Erde Frucht, zuerst den Halm, danach die Ähre, danach den vollen Weizen in der Ähre. Wenn sie aber die Frucht gebracht hat, so schickt er alsbald die Sichel hin; denn die Ernte ist da. Und er sprach: Womit wollen wir das Reich Gottes vergleichen, und durch welches Gleichnis wollen wir es abbilden?"
Markus 4:26-30

SANANDA:

"Meine geliebten Nachfolger, ihr seid die Menschen, die den Samen auf das Land werfen. Ihr seid einfach menschliche Wesen, doch ihr seid nach dem Bilde Gottes in euch ausgestattet. Ihr habt die Fähigkeit, zu erschaffen. Diese Nachahmung, diese wachsende Aktivität, ist Teil der Reise zum Himmelreich. Es gibt eine Zeit des Säens, eine Zeit der Bewässerung, eine Zeit des Wachsens und eine Zeit der Ruhe und des Wartens auf die Ernte. Während der Wartezeit ruht ihr euch aus und könnt nichts tun. Aber die Erntezeit wird kommen. Wenn ihr erwacht, erkennt ihr, dass die Arbeit getan ist. Und ihr könnt euch nicht erklären, wie es ging.

Dem ähnlich seid ihr, die Lichtarbeiter, in diesen Tagen des Neuen Zeitalters, welche die Samen in die Herzen aller Menschen einbringen. Dies ist eine Arbeit, die ich nicht tun kann. Daher sende ich euch als meine Nachfolger aufs Feld hinaus. Ich kann diese Arbeit nicht tun. Doch wie in diesem Fall können wir gemeinsam arbeiten, gemeinsam kreieren.

Ich gebe euch all das, was ihr benötigt, um diese Arbeit zu tun. Ich bringe euch auf einen Weg, der euch zum Königreich führen wird. Ich gebe euch jegliche spirituelle Mittel, um diese Arbeit zu tun. Ich unterstütze euch und segne euch mit Anmut. Ich gebe euch tatsächlich das Geschenk des Lebens und den freien Willen, damit ihr all eure persönlichen Kräfte aktivieren könnt. Ihr habt all die Gaben, Talente, das spirituelle Zubehör und die Fähigkeiten, um hervorzutreten. Die Zeit wird kommen, zu der ihr dies durch den spirituellen Filter nutzen sollt und es an jeder Menschenseele, die ihr treffen werdet, anwenden sollt. Ihr sollt arbeiten und euch um das Werk der Liebe bemühen; die Arbeit eurer Hände und eures Herzens.

Doch es wird eine Zeit kommen, nachdem wir gemeinsam gearbeitet, kreiert und ihr euch ausgeruht habt. Ihr braucht euch nur hinzugeben und loszulassen, denn ihr könnt meine Arbeit nicht tun. Ich bin es, der das Wachstum verleiht. Ich bin es, der das Wunder wirkt. Ich bin es, der beschleunigt, wachsen lässt und umwandelt. Dies ist allein meine Arbeit. Doch ihr teilt die Freude und die Anerkennung. Denn wir sind eins. Geht hin und fahret fort mit dem Werk, bis die Ernte auf das Land gebracht ist."

Dies ist natürlich ein wunderschönes Gleichnis aus dem Neuen Testament von Meister Jesus. Meister Sananda und ich haben gezeigt, dass es viele Bedeutungen dieses Gleichnisses gibt. Es gibt die äußere Bedeutung und die innere Bedeutung, könnte man sagen. Wie es Sananda so meisterhaft und eloquent erklärte, säen wir alle durch unseren Dienst in ähnlicher Weise, als ob wir einen Fisch fangen und zu Menschenfischern werden. Wir pflanzen spirituelle Samen in Form von Gedanken, Inspiration, Führung, Einsicht, Intuition, Vision, Channeling, spirituellen Metaphern, Erscheinungen und Offenbarungen im Bewusstsein der Menschen. Manchmal wächst dieser Samen sofort und manchmal braucht es viele Jahre, bis er wächst. Daher dürfen wir uns nicht an die Frucht unseres Dienstes anhaften. Denn Sananda sagte, überlasse das „Wachstum" dem Heiligen Geist, Christus, Gott und ihm und den Meistern. Denn man weiß nie, wann die Frucht seines Dienstes sprießen und wachsen wird. Es hängt davon ab, wie fruchtbar der spirituelle Boden im Bewusstsein eines jeden Menschen ist.

Es ist zudem wichtig, den spirituellen Boden im Bewusstsein der Menschen zu bewässern, was bedeutet, für all die Lehren, die Liebe, die Hilfe, die Führung, die Mittel, die Bücher, die Meditationen, die Gebete, die Beratungen, die Informationen, den spirituellen Dünger, das Wasser des Lebens und den Fluss des Lebens zu sorgen, um sicherzustellen, dass der spirituelle Samen auch richtig genährt wird. Diese Nahrung stammt nicht nur von uns auf der Erde, sondern auch, wie Sananda sagte, vom Heiligen Geist, Christus, Gott, dem Überbewusstsein jedes Menschen, von Sananda, den Aufgestiegenen Meistern, den Erzengeln und Engeln, spirituellen Führern und so weiter. Denn wir sind irdische Aufseher dieses Gartens und die Geistige Welt und die Meister sind die himmlischen Aufseher dieses Gartens.

Es ist zudem entscheidend, das „Tao der spirituellen Gartenarbeit" zu verstehen. Es gibt für alles eine Zeit und eine Jahreszeit, in irdisch-weltlicher Gartenarbeit im physischen Sinn und in spiritueller Gartenarbeit im Wachsen eines spirituellen -, Christus -, Buddha - und Gotteswesen in anderen. Es gibt eine Zeit des Wachsens und des Ausruhens. Einige Menschen pflanzen Samen im irdischen oder spirituellen Sinn und graben ihn sofort wieder aus dem Boden aus, entweder physisch oder spirituell, weil sie ungeduldig sind und weil sie mit Eile an das Tao der spirituellen Gartenarbeiten herangehen wollen. Wenn man ständig den Samen ausgräbt, dann wird dies das Wachstum der Pflanze und der Frucht des Geistes nur verhindern.

Wenn man an einem bestimmten Punkt in seinem Dienst angekommen ist, gibt es eine Zeit, in der man mit der Sichel die Ernte der spirituellen Pflanze und die Frucht einbringt. Dies bedeutet in vollem Sinne, dass dein Dienst dazu beigetragen hat, einen integrierten Aufgestiegenen Meister zu kreieren. Die Geistige Welt und die Meister führen zu bestimmten Zeiten eine spirituelle Ernte durch. Wir gehen im Augenblick durch eine solche Phase in der Weltgeschichte. Sie begann im Jahre 1995 und setzt sich weiter auf hohem Niveau fort bis ins Jahr 2012, dem Ende des Maya-Kalenders. Ich begann die großen Wesakfeiern in Mount Shasta tatsächlich zeitgleich mit dieser Periode des Massenaufstiegs für den Planeten Erde, was mit der spirituellen Ernte gleichzusetzen ist.

Es gibt auch noch eine weitere symbolische Bedeutung der spirituellen Ernte in geringerem Umfang, denn die Geistige Welt und die Meister suchen ständig nach qualifizierten Schülern und Eingeweihten, um bestimmte spirituelle Aufträge und spirituelle Positionen innerhalb der hierarchischen Struktur zu übernehmen. Diese werden vergeben, bevor der vollständig integrierte Aufstieg, der physische Aufstieg, die Auferstehung, die Erleuchtung, die 22 Ebenen der Einweihung und der Lichtkörper, die Promotion und die Befreiung vom Rad der Wiedergeburt usw. erlangt wurden. Es wurden Schüler und Eingeweihte für diese spirituellen Aufträge und fortgeschrittene spirituelle Positionen des Dienstes spirituell geerntet, denn hierin wirkt die großartige Kette der Hierarchie überall in der Schöpfung.

Spirituelle Samen der Liebe zu pflanzen und das spirituelle Christus-/ Buddha-/Gottesbewusstsein in die Herzen der Männer und Frauen überall auf der Welt zu bringen, ist der hauptsächliche Grund unseres Daseins. Manchmal tun wir dies mittels Worten, manchmal in Büchern oder Artikeln, manchmal durch unser Denken oder in der Bildersprache, denn, wie der Universelle Geist durch Edgar Cayce sagte: „Gedanken sind Dinge." Am Wichtigsten hierbei sind unsere Taten, unsere Verkörperung, unsere Demonstration durch unser Beispiel.

Es ist sehr wichtig, wenn wir unseren Samen einbringen, nicht darauf fixiert zu sein, die Pflanze oder die Frucht wachsen zu sehen, denn wenn wir fixiert sind, werden wir enttäuscht werden. Wir alle müssen lernen, wie die „strahlende spirituelle Sonne" zu sein, die unaufhörlich scheint, ob die Menschen es zu schätzen wissen oder nicht. Was die anderen in Wahrheit von uns denken, das geht uns nichts an. Das Wichtige ist, dass wir weiterhin unsere spirituelle Sonne unaufhörlich auf allen Ebenen erstrahlen lassen, unabhängig davon, wie die Menschen darauf reagieren. Manchmal kann ein Samen, der durch Worte, ein Buch, einen Artikel, ein Beispiel gegeben wurde, 50 Jahre lang nicht keimen, aber dann, eines Tages, keimt er, denn Gott und Christus sorgen für das Wachstum.

Es hängt alles davon ab, wie spirituell und psychologisch fruchtbar das Bewusstsein eines Menschen ist. Daher kann jemand einen Vortrag hören oder ein Buch lesen oder von jemandem etwas hören, doch der gelegte Samen wächst nicht; aber sieben Jahre später, wenn Gott, das Überbewusstsein und das Höhere Selbst und das Leben selbst das Bewusstsein eines Menschen durch das Feuer des Lebens geformt haben, könnte dieser gleiche Vortrag, das Buch, die spirituellen CDs, die Beispiele oder Worte den Menschen dazu bringen, sich spirituell für Gott zu entfachen. Daher könnte das wiederholte Lesen desselben Buches, beispielsweise sieben Jahre später, eine ganz neue Ebene des Verstehens erreichen. Gott und Christus sorgen für das Wachstum zur richtigen Zeit und im rechten Tao.

Wir alle sind wie die Arme, Füße, Beine, Herzen, Münder, Werkzeuge, der Spirit der Geistigen Welt und der Meister auf Erden. Sie können das Reich Gottes auf Erden nicht ohne unsere Hilfe und unser mitschöpferisches Tun kreieren. Wir alle müssen lernen, sowohl ein Channel und Instrument für sie, als auch ein integrierter spiritueller Meister für uns zu sein. Es ist zudem entscheidend zu verstehen, dass Gott, die Geistige Welt und die Meister unseren Geist oder unser Bewusstsein nicht kontrollieren können. Dies zu meistern und zu kontrollieren ist unsere Aufgabe. Es liegt an jedem Einzelnen, die richtige Meisterschaft über den Verstand, die inneren Bilder, die Gefühle, die Emotionen, den physischen Körper, die Impulse, die Wünsche, die Motivationen, die Angewohnheiten, die Süchte, das Verlangen, die fünf Sinne zu demonstrieren, als auch die richtige spirituelle Ausrichtung, die spirituelle Unterscheidungskraft, die wirksame Wahrnehmung der Realität, das spirituelle Christus-/Buddha-/Gottesbewusstsein, die Integration, die Zusammenfassung, die Ausgeglichenheit und die Überwindung des negativen Egos mit seinem angstbegründeten, trennenden Denken und Fühlen, die Selbsttäuschung, die Bestimmung, die Bestimmung der Umstände, Selbsterkundung, das progressive spirituelle Verfahren und so weiter zu demonstrieren.

Die Geistige Welt und die Meister können helfen und Führung geben, aber die fundamentale Arbeit wird durch die Entwicklung und Erhöhung des Bewusstseins geleistet. Und wie Sananda sagte, nur die Menschen der Erde können den Samen säen, Sananda und die Aufgestiegenen Meister und die Erzengel und Engel können es nicht.

Die Erlösung hängt zu einem großen Ausmaß von jedem einzelnen Menschen, sich selbst zu finden, ab. Dies kann nur erreicht werden, wie es in der Bibel heißt, wenn ein Mensch das biblische Sprichwort: *"Seid so unter euch gesinnt, wie es auch der Gemeinschaft in Christus Jesus entspricht"* befolgt. Wenn Menschen lernen, vom spirituellen Christus-/ Buddha-/Gottesbewusstsein heraus zu wirken, dann kommen ihre Gedanken, Gefühle, Emotionen, ihr Verhalten, ihre Worte, ihre Taten, ihre Gesundheit, ihre Angewohnheiten, ihr Verhältnis zum Selbst, ihr Verhältnis zu Gott und ihr Verhältnis zu den Menschen in die richtige Balance und göttliche Ausrichtung. Der letzte Schritt der Erlösung, wenn dies erreicht ist und der Dienst geleistet wurde, liegt dann an Gott.

Beim Einbringen des spirituellen Samens ist es wichtig zu verstehen, dass jede Begegnung im Leben mit einem Menschen, einem Tier, einer Pflanze, einem Stein, einer Maschine oder einer Situation eine „heilige Begegnung" ist. Es gibt keine Zufälle und so etwas wie Glück gibt es nicht. Jede Situation im Leben ist eine spirituelle Prüfung und eine Lektion, um dieses spirituelle Christus-/Buddha-/Gottesbewusstsein in integrierter und ausgeglichener Weise zu praktizieren. Jede „heilige Begegnung" im Leben ist Christus oder eine sich entwickelnde Seele, die einen anderen Christus oder eine sich entwickelnde Seele trifft. Es muss verstanden werden, dass nicht nur Menschen im Zustand der Evolution sind, sondern auch alles andere. Selbst Tiere, Pflanzen, Edelsteine und Steine. In Wahrheit gibt es im Bewusstsein der Monade eines jeden Menschen Aspekte der Monade eines jeden, die einst Mineralien, Pflanzen und Tiere waren. Ich sage hier nicht, dass die Seele eines Menschen dies einst war, denn dem ist nicht so, denn Menschen inkarnieren sich nicht als Tiere, Pflanzen oder Mineralien, wie es viele in der New Age - Bewegung manchmal behaupten. Doch innerhalb des Bewusstseins der Monade oder des Geistes gibt es diese Aspekte, aber nicht in der Seele. Es ist wichtig, den richtigen Samen in

Tiere zu legen, mit Pflanzen und Blumen zu sprechen und zu erkennen, dass selbst Edelsteine sich entwickeln. Zum Beispiel ist ein Diamant in der spirituellen Entwicklung höher stehend als ein Smaragd oder ein gewöhnlicher Stein. Sie sind alle Gott, aber der feine Diamant ist wie der Gipfel der mineralischen Evolution. Ein Hund kann wild oder der beste Freund des Menschen sein. Es hängt vom Training, der Liebe und den Samen, die er von den Menschen bekommen hat, ab. Das Gleiche trifft bei Menschen zu. Wir werden in diese Welt hineingeboren als Kinder und unterliegen der Gunst unserer Eltern und unserer erweiterten Familie. Wir alle sind zur Geburt und als Kinder Opfer. All die spirituellen und unspirituellen Samen, die uns gegeben werden, gehen direkt in unser Unterbewusstsein oder in das Unterbewusstsein unserer Kinder.

Der großartige spirituelle Garten des Lebens ist das Bewusstsein und das Unterbewusstsein. Dies führt uns dazu, worüber ich zu Beginn dieser Lektion sprach, über die innere, oder treffender gesagt, von der persönlichen Bedeutung dieses Gleichnisses. Wir alle waren meisterhafte spirituelle Gärtner unser gesamtes Leben über. Wir alle haben in Wahrheit den „dreistufigen Terrassengarten" in uns. Dies ist unser Überbewusstsein, Bewusstsein und Unterbewusstsein. Unsere Hauptaufgabe im Leben auf persönlicher Ebene ist es, sicherzustellen, dass wir den richtigen Samen in unser Bewusstsein und Unterbewusstsein einpflanzen. Es ist auch die Aufgabe des Überbewusstseins und des Höheren Selbst, uns bei diesem Prozess zu helfen. Natürlich helfen auch Gott, Christus, der Heilige Geist, die Aufgestiegenen Meister, die Erzengel und Engel, die geistigen Führer usw. In Wahrheit sind wir alle im „spirituellen Gartengeschäft". Wir können nicht wirklich meisterhaft den Samen in andere legen, bis wir nicht zuerst im Inneren ein Meister der spirituellen Gartenarbeit geworden sind.

Jeder von uns wurde mit „schlechten oder negativen Samen" aus vergangenen Leben, während der Kindheit, Jugend und selbst als Erwachsene belegt. Damit meine ich schlechte oder negative Gedankensamen. Mit anderen Worten, die Samen der Angst und nicht der Liebe, die Samen des negativen Egos und nicht des spirituellen Christus-/Buddha-/Gottesbewusstseins, die Samen der Trennung und nicht des Einsseins, die Samen des Begehrens des niederen Selbst und nicht des Bewusstseins des Höheren Selbst, die Samen dessen, ein Opfer und die Auswirkung des Verhaltens der Menschen und des Lebens zu sein und nicht der Meister und die Ursache.

Bevor wir den Samen meisterhaft in andere legen können, worüber Sananda bereits gesprochen hat, müssen wir zum spirituellen Meistergärtner und zum Einbringer des Samens in unserem eigenen Inneren werden. Teil dessen, ein spiritueller Meistergärtner zu werden ist, zuerst zu lernen, all das Unkraut aus dem Boden deines Bewusstseins und Unterbewusstseins zu entfernen. Wenn jemand das Matrix-Entfernungsprogramm der Kernangst einsetzt, um die Angstprogrammierung im Bewusstsein und Unterbewusstsein durch die Aufgestiegenen Meister entfernen zu lassen, dann erscheint diese Angstprogrammierung als schwarzes oder graues Unkraut, das durch das Kronenchakra entfernt wird. Wenn ein echter Garten voller Unkraut ist, dann können die kultivierten Blumen und Pflanzen nicht mehr wachsen. Denn das Unkraut unterdrückt ihr Wachstum. Wie entfernt man all das Unkraut im Garten? Dies ist ein schöpferischer Prozess, obwohl dies größtenteils von jedem einzelnen abhängt. Der schnellste Weg, das Unkraut zu entfernen ist, es nicht mehr zu gießen. Wenn es nicht genährt wird, trocknet es aus und stirbt. Dies bedeutet, wenn negative Gedanken und Emotionen im Bewusstsein aufkommen, dann wirf sie aus deinem Geist hinaus. Schenke ihnen keine Aufmerksamkeit oder „Bewässerung". Wie Meister Jesus in *Ein*

Kurs in Wundern sagte: „Verweigere jedem Gedanken, der nicht von Gott ist, dein Bewusstsein oder deinen Geist zu betreten". Wenn du alle negativen Gedanken und Emotionen oder jegliches Unkraut aus deinem Bewusstsein und aus deinem Geist hinauswirfst und sofort den Schalter betätigst und deine Aufmerksamkeit und Konzentration auf die spirituellen Christus-/Buddha-/Gottesgedanken, -metaphorik und -gefühle umschaltest und diesen neuen Samen nährst, den du nun in den Boden deines Bewusstseins und Unterbewusstseins eingebracht hast, wird er angehen und wachsen. Innerhalb von 21 Tagen wird das Unkraut sterben und die neue Pflanze und Blume oder spirituelle Frucht, wenn du möchtest, wird voll blühen. Dies, meine Freunde, ist ein spirituelles Gesetz.

Dieses Gleichnis von Meister Jesus ist wichtiger als man meint. Denn die Hauptaufgabe aller Nachfolger und Eingeweihten auf dem Planeten Erde ist, zuerst ein "spiritueller Meistergärtner" im Inneren zu werden und dann kann man ein „spiritueller Meistergärtner im Helfen anderer" werden. Jeder Gedanke, den du denkst, jedem Bild, dem du erlaubst, sich in deinem Geist zu entwickeln, jedes Wort, das du sprichst, jede Tat, die du begehst, ist ein „spiritueller Samen", der zuerst im Boden deines Bewusstseins und Unterbewusstseins eingebracht wird. Der erste Schritt ist, den richtigen Samen ins Bewusstsein einzubringen und der nächste Schritt ist, den Samen im Boden des Unterbewusstseins einzubringen. Denn, wie ich bereits gesagt habe, behält jeder Mensch seinen „dreistufigen Terrassengarten" aus vergangenen Leben und den Wiedergeburten. Es gilt die Selbsterkundung zu erlernen, welche, wie Sai Baba sagte, 70 % des spirituellen Weges ausmacht, und den Prozess der „progressiven spirituellen Verarbeitung", welches der Ausdruck des geliebten Erzengel Metatron ist, der bedeutet, ein „spiritueller Meistergärtner" zu werden, der sowohl helfen kann, das Unkraut zu entfernen als auch neue Pflanzen, Blumen und Bäume zu pflanzen.

Das Ziel jedes spirituellen Gärtners ist, das Wachstum vom inneren „Baum des Lebens" anzuregen und es zu nähren und nicht das vom „Baum von Gut und Böse". Durch das Setzen des Baum des Lebens und seine Bewässerung und die richtige Düngung, sowohl spirituell als auch psychologisch und physisch, und die Entwicklung dieses Baum des Lebens in allen 12 Sephiroth, wird er 12 verschiedene Arten von spirituellen Früchten bringen. Er wird für immer vom „Wasser des Lebens" genährt werden, das direkt vom Christus, dem zweiten Aspekt der Dreieinigkeit kommt, und wird auch vom „Fluss des Lebens" genährt werden, was ein Symbol für die direkte Nahrung von Gott ist. Dies wird durch die Meisterung und die Entwicklung des Bewusstseins erreicht, indem man eins wird mit der bedingungslosen Liebe und in Einheit kommt durch die Öffnung und Balance der sieben Siegel oder der sieben Chakren, wie es in der Johannes Offenbarung geschrieben steht.

Die Überwindung des negativen Egos, aus dem spirituellen Christus-/Buddha-/Gottesbewusstsein heraus zu leben, das Erlangen von Ausgeglichenheit, Integration, Synthese, Kontinuität, richtiger Ausrichtung, das Bestehen deiner spirituellen Prüfungen und Lektionen, ganz und vollkommen im Inneren zu werden, mit dem Selbst und mit Gott im Reinen zu sein, die Ursache und der Meister des Selbst und des Lebens zu sein und nicht ein Opfer oder die Auswirkung und deine sieben Strahlen und 12 hauptsächlichen Archetypen zu meistern und auszugleichen. Das Yin und Yang, Himmel und Erde, Gott und Göttin in allen Aspekten des Lebens auszugleichen.

Dies, meine Freunde, sind einige der Hauptsamen, die gesät, bewässert, genährt, gedüngt, beachtet und entwickelt werden müssen, wenn du zu einem „integrierten Aufgestiegenen Meister" oder zum lebendigen Geist, lebendigen Christus, lebendigen Buddha, lebendigen ICH BIN Meister, lebendigen mächtigen ICH BIN - Gegenwart oder einem lebendigen Gott auf Erden werden möchtest.

Du musst ein „spiritueller Meistergärtner" werden und deinen bewussten und unterbewussten Garten in den „Garten Eden" zurückführen. Wenn dein Bewusstsein und Unterbewusstsein lernt, wie dein Überbewusstsein und der Heilige Geist zu denken, was Aspekte oder Teile des Chritusbewusstseins und des Geistes von Sananda und allen Aufgestiegenen Meistern und himmlischen Wesen ausmacht, dann wird dir der „Schlüssel zum Königreich" gegeben werden und du wirst in der Lage sein, den „himmlischen Garten Gottes" auf höheren Ebenen zu betreten. Denn Gott hat sieben kosmische Gärten und es ist sein guter Wille, dass wir uns alle dahin entwickeln und sie genießen. Wenn wir den materiellen Garten meistern, wird uns Eintritt gewährt in die Stufe des nächst höheren Garten. Schließlich werden wir uns nicht nur zum planetaren Garten Eden entwickeln, sondern auch hin zum kosmischen Garten Eden.

Ist es nicht interessant, dass die Heilige Schrift mit dem Garten Eden und der Vertreibung von Adam und Eva aus dem Garten beginnt, weil sie die „Samen von Gut und Böse" eingebracht haben? Jesus musste zum Meister aller Meistergärtner werden, um anderen zu zeigen, wie ein Garten, der von Unkraut (Adam und Eva) übersät ist, wieder zum christusbewussten Garten und zum Garten Eden oder zu einem paradiesischen Zustand zurückkehren kann. Meister Jesus bewies, dass dies gemeistert werden kann, dass jeder negative oder schlechte Samen entfernt und durch eine christusbewusste Pflanze, Blume oder Frucht ersetzt werden kann. Deshalb entwickelte sich am Ende der Bibel, in der Johannes Offenbarung, Adam zum Jesus, der eins wurde mit dem Christus und nun wieder im „Garten Eden" lebt, wo sein

„Baum des Lebens" vom „Wasser des Lebens" genährt wird, der vom „Fluss des Lebens" genährt wird und zwölf Mal im Jahr, in jedem Monat ein Mal, christusbewusste Früchte trägt. Die Bibel ist in Wirklichkeit ein Buch der Gartenarbeit und sollte in allen Buchhandlungen der Welt sowohl in der Rubrik der Gartenarbeit wie auch der Religion ausliegen. Die Bibel beginnt mit dem Garten Eden und endet mit dem Garten Eden.

Meine geliebten Leser, diese Lektion wurde euch von der Geistigen Welt, Sananda, den Meistern und mir gegeben, um euch zu helfen, zuerst ein „integrierter breit gefächerter spiritueller Meistergärtner" im Inneren zu werden. Die Gartenarbeitslektion 101 beginnt mit der Meisterung, der Entwicklung und der Verbesserung deines eigenen Bewusstseins. Lektion 102 lautet, ruft die Geistige Welt, Sananda, die Aufgestiegenen Meister, deine mächtige ICH BIN - Gegenwart und dein Überbewusstsein und die Erzengel und Engel an, um das Matrix-Entfernungsprogramm der Kernangst wie auch das Reste-Enfernungsprogramm der Kernangst zu aktivieren, um die Angst aus deinem Bewusstsein und Unterbewusstsein, den Chakren und aus deinem Körperenergiefeld zu entfernen.

Die Kombination der Meisterschaft deines eigenen Bewusstseins, der Meisterschaft der Selbsterkundung, der Meisterschaft der progressiven spirituellen Verarbeitung und dem Erlernen dessen, wie man das Unkraut entfernen und neuen Samen einbringen kann, wie es Sananda und ich in dieser Lektion beschrieben haben, sind die Schlüssel dazu, wie man seinen eigenen persönlichen „Garten Eden" im Inneren kreiert. Es ist ein mitschöpferischer Prozess. Denn die Geistige Welt und die Meister können dein Bewusstsein nicht für dich kontrollieren, aber sie können dir dabei helfen, ein großes Stück der Kernangst-programmierung aus deinen vergangenen Leben und deiner frühen

Kindheit und Jugend zu entfernen, was sehr hilfreich ist, alle neuen Gedanken des spirituellen Christus-/Buddha-/Gottessamens in deinem Garten wachsen, gedeihen und blühen zu lassen, so dass es nicht vom Unkraut erstickt wird.

Dies, meine geliebten Freunde, ist die „großartige Arbeit" aller Eingeweihten und Schüler auf dem Planeten Erde. Wenn du einmal diesen Prozess geschafft hast und zum „spirituellen Meistergärtner" im Inneren geworden bist, dann musst du den nächsten Schritt tun, indem du lernst, ein „spiritueller Meistergärtner" für andere zu werden. Denn wir sind der *Wächter unserer Brüder*". Sagte Meister Jesus nicht: *„Füttere meine Schafe."* Wenn wir zum „spirituellen Meistergärtner" geworden sind, müssen wir anderen dabei helfen, ihren eigenen „Garten Eden" zu erbauen. Der Baum von Gut und Böse wird immer im Garten Eden existieren, denn die Möglichkeit, das negative Ego über das spirituelle Christus-/Buddha-/Gottesbewusstsein zu stellen ist immer da. Selbst Luzifer, der ein Erzengel war, aß vom Baum von Gut und Böse. Erkennen von G+B

Lasst dies für uns alle eine Lektion sein. Selbst Meister Jesus, der Amilius, welcher der spirituelle Führer der spirituellen Führer der zweiten Seelenwelle, der nach Atlantis kam, war, fiel in seiner ersten ätherischen Inkarnation. Dies ist keine Schande. „Denn ohne den Fall gibt es keine Auferstehung." In diesem Sinne mussten wir fallen, damit wir die ganze Herrlichkeit Gottes würdigen konnten. Wenn wir alle unseren Garten Eden vollständig erbaut haben, werden wir niemals wieder von der verbotenen Frucht vom Baum von Gut und Böse essen, denn wir haben das Leiden erfahren, das mit dem Leben im „Feuerofen und dem Zähneklappern" und im „Garten von Satan" einhergeht und nicht vom „Garten von Christus und vom Garten Eden". Wenn wir die „12 Früchte vom Baum des Lebens" gekostet haben, werden wir nie wieder von der Schlange verführt werden, vom „verbotenen Apfel vom Baum von Gut und Böse" zu essen. Wenn wir einmal vom „Wasser des Lebens und vom Fluss des Lebens" gekostet haben, werden wir nicht mehr danach verlangen, vom „Wasser von Babylon" zu trinken. Wenn wir einmal vom „Brot des Lebens" gegessen haben, werden wir nie wieder danach verlangen, vom „Brot des Todes, der Sterblichkeit und des niederen Selbst" zu essen. In diesem Sinne werden wir Gott viel stärker würdigen und wenn wir durch den Prozess hindurchgegangen sind, zum „spirituellen Meistergärtner" geworden sind, in dem Wissen, was wir durchgemacht haben, um dies zu erreichen, werden wir niemals wieder vom „Garten Eden und vom Garten Gottes" abschweifen.

Zum Abschluss und als Zusammenfassung möchte ich nochmals betonen, dass, der erste Schritt des spirituellen Weges nicht darin liegt, anderen zu helfen, sondern zuerst sich selbst zu helfen, indem man ein „spiritueller Meistergärtner" im Inneren wird. Wenn dies einmal gemeistert wurde, dann verfügt man über ein wahres Verständnis darüber, wie man das Unkraut entfernen und die spirituellen Christus-/ Buddha-/Gottessamen in anderen einbringen kann.

Denke immer daran, dass du anderen nicht geben kannst, was du nicht selbst hast. Du kannst in anderen nicht sehen, was du in dir selbst nicht sehen kannst. Das Fundament des spirituellen Weges beginnt damit, mit dem Selbst und mit Gott ins Reine zu kommen. Wenn dies einmal geschehen ist, dann ist es einfach, mit anderen ins Reine zu kommen. Wenn du einmal zum „Meistergärtner" deines Selbst wirst, dann wird es einfach, zu lernen, wie man zum „Meistergärtner, der den geistigen Samen bei anderen einbringt" wird. Strebe danach, stets positive Samen bei anderen zu säen, selbst dann, wenn du darum ringst, es in deinem eigenen Inneren zu tun. Der

Schlüssel zum Erfolg im Leben auf allen Ebenen ist, ein wahrlich „spiritueller Meistergärtner" zu werden. Es sollte zudem erwähnt werden, dass es nicht möglich ist, deinen persönlichen „Garten Eden" zu behalten ohne kontinuierlich zu helfen, den „Garten Eden" in anderen zu erwecken. Denn das großartige „Gesetz Gottes" ist Ursache und Wirkung, was man sät, das erntet man. Wenn du es wünschst, einen „Garten Eden" in dir selbst zu haben und zu erhalten, dann musst du kontinuierlich den „Garten Eden" an andere geben. Dies, meine geliebten Leser, ist der einzige Weg, wie ihr euren eigenen Garten erhalten könnt. Denn in Wahrheit gibt es nicht viele „Gärten Eden", sondern es gibt nur einen „kosmischen Garten Eden". Wir alle sind verantwortlich dafür, für den „Garten Eden"-Teil in uns selbst zu sorgen und zu helfen, diesen „kosmischen Garten Eden" in allen anderen Gärten überall im Omniversum zu entwickeln und zu erhalten. Der Meistergärtner aller ist Gott, Christus und der Heilige Geist. Sananda und die anderen Aufgestiegenen Meister, indem sie eins wurden mit Christus, haben den Titel „integrierter breit gefächerter spiritueller Christus-/Buddha-/Gottesgärtner" verdient.

Der Sinn dieser Lektion ist, dir zu helfen, auch ein Meistergärtner zu werden, denn es gibt ein großes Bedürfnis für „integrierte breit gefächerte spirituelle Meistergärtner" auf Erden. Gibt es Freiwillige? Gott, Christus, der Heilige Geist, Sananda, die Aufgestiegenen Meister und ich nehmen Bewerbungen am Ende dieser Lektion entgegen. Um sich zu bewerben, schließe deine Augen und bitte Gott, Christus, den Heiligen Geist, dein Überbewusstsein und Sananda, dich zum „Allerheiligsten im Inneren" zu führen und Sananda und die anderen Aufgestiegenen Meister und Erzengel und Engel werden deine spirituelle Bewerbung gerne entgegennehmen und dann wird eine noch intensivere Schulung in spiritueller Gartenarbeit beginnen.

Diejenigen, die wünschen, ein „integrierter breit gefächerter spiritueller Meistergärtner" im Inneren und anderen gegenüber auf der Ebene von Sananda, den Aufgestiegenen Meistern und Christus zu werden, können sich nun anmelden. Denn die Geistige Welt, die Meister, die Erzengel und Engel und ich versprechen dir, dass wir dir dabei helfen werden, spirituelle, psychologische und irdische Pflanzen, Blumen, Bäume und Früchte wachsen zu lassen, die so groß, so süß und saftig sind, wie du sie noch nie zuvor gesehen oder gekostet hast. Wenn du interessiert bist, dann melde dich im Inneren an. Die Geistige Welt, die Aufgestiegenen Meister und die Erzengel und Engel bedienen nun, während du diese Lektion ließt, das Telefon und sitzen am Tisch in deinem Allerheiligsten, im „Tabernakel Gottes" und warten darauf, deine spirituelle Bewerbung in Empfang zu nehmen. Denn es gab noch nie mehr freie Arbeitsplätze für den „integrierten spirituellen Meistergärtner" auf Erden wie jetzt. Die Geistige Welt, Sananda, die Meister, Erzengel und Engel warten gespannt auf deine Antwort, denn sie mischen sich nie in den freien Willen und die freie Entscheidung des Menschen ein. Alles was sie benötigen ist ein kleines Wort von dir, dass du interessiert bist, und „Garten Eden", es kann losgehen!

So steht es geschrieben! So soll es geschehen! Amen. Amen. Amen.

Über den Autoren

Dr. Joshua David Stone war Doktor für Transpersonale Psychologie und ein anerkannter Ehe-, Familien- und Kinderberater in Kalifornien. Auf der spirituellen Ebene verankerte er die I AM University - einen integrierten Ashram auf der inneren und äußeren Ebene, der alle Wege zu Gott repräsentiert. Er diente als einer der Sprecher der planetaren Aufstiegsbewegung. Dr. Joshua David Stone ging 2005 in die Geistige Welt hinüber.

Kontaktadresse I AM University:

Gloria Excelsias
Postfach 14, A-4866 Unterach am Attersee / Österreich
Tel: (0043)-7665-60276
Fax: (0043)-7665-60277
www.iamuniversity.org
info@iamuniversity.org

Weitere Bücher von Dr. Joshua David Stone

Bücherserie in deutscher Sprache:

Die leicht zu lesende Enzyklopädie des spirituellen Pfades

Für diejenigen, die zwar die Absicht haben, die gesamte Geschichte der Spiritualität zu studieren, denen jedoch die Lebenszeit, die es benötigen würde, zu kurz ist, stellt diese Bücherserie ein großes Geschenk dar. Dr. Stone hat das Essentielle seiner ausgedehnten Forschungen und intuitiven Informationen zusammengetragen, und beides zu einer einfachen und fesselnden Erforschung der Selbstverwirklichung verknüpft.

Bisher sind erschienen:

1. Band: Das komplette Aufstiegs-Handbuch

- Wie man den Aufstieg in diesem Leben erreicht
416 S., gebunden, EUR 29,90 / CHF 54,80 ISBN 3-933470-60-9

Eine Synthese der Vergangenheit und eine Anleitung für den Aufstieg
Praktisch und aufklärend zugleich - ein "Wie wird es genau gemacht - Handbuch" für den Aufstieg. Eine genaue Übersicht über den geistigen Pfad. Dieses Buch erklärt die großen Meister, spirituelle Psychologie und die Lehren der Aufgestiegenen Meister. Es gibt genaue Anweisungen um unseren Prozess des Aufstiegs zu beschleunigen.

2. Band: Seelenpsychologie
- Psychologie der Seele
- Die spirituellen Schlüssel zum Aufstieg
- 448 S., gebunden, EUR 32,90 / CHF 59,80 ISBN 3-933470-61-7

Das Buch "Seelenpsychologie" vermittelt die Bedeutung der Seelen-psychologie, indem es die Wichtigkeit der *drei verschiedenen Stufen* der Selbstverwirklichung hervorhebt: die Selbstverwirklichung auf der Persönlichkeitsebene, der Seelenebene u. der Monaden - oder spirituellen Ebene.

3. Band: Der Pfad des Aufstiegs
- Ein Wegbegleiter
288 S., broschur, EUR 22,90 / CHF 39,80 ISBN 3-933470-63-3

Wissen für den Aufstieg, klar und umfassend dargestellt. Von der Spirituellen Hierarchie, über die Engel und die Sternenwesen. Durch seinen Hintergrund als Psychologe bietet Dr. Stone einen sehr guten Einblick in Themen wie Karma, die Transformation des negativen Egos, die Macht des gesprochenen Wortes und die Psychologie des Aufstiegs. Mit diesem Buch wird Lernen zur Freude!

4. Band: Aufgestiegene Meister weisen den Weg
- Leuchtfeuer des Aufstiegs
320 S., gebunden, EUR 26,90 / CHF 49,80 ISBN 3-933470-64-1

**Schlüssel zur spirituellen Meisterschaft von denen,
die sie erlangt haben.**
Den Heiligen und spirituellen Meistern aller Religionen gewidmet, die diesen Planeten mit ihrer Gegenwart beehrt haben. Die Leben und Lehren von neununddreißig der Welt größten Meister geben den Schlüssel zu vollkommener Selbstverwirklichung. Eine inspirierende Führung derjeniger, die die Geheimnisse der Meisterschaft in ihrem Leben gelüftet haben.

5. Band: Integrierter Aufstieg

- Offenbarungen für das neue Jahrtausend
448 S., gebunden, EUR 31,90/ CHF 56,80 ISBN 3-933470-65-X

Wir leben in einer Zeit des enorm beschleunigten spirituellen Wachstums, wodurch die Konzentration vieler Lichtarbeiter sich vorwiegend auf die Ausbildung des spirituellen Körpers und den Lichtquotienten richtet. Die Entwicklung des mentalen, emotionalen und psychologischen Selbst verläuft jedoch langsamer und dadurch kann ein Ungleichgewicht entstehen. Dieses Buch beschreibt den integrierten Aufstieg, der in harmonischer Balance alle Facetten und Ebenen des eigenen Wesens integriert und zum Aufstieg führt.

6. Band: Aufstiegskurse

224 S., broschur, EUR 21,90/ CHF 37,80 ISBN 3-933470-66-8

Dieses Buch ist der ideale Aufstiegskurs - sowohl für sich selbst, wie auch als Basis zur Leitung von kleinen bis großen Aufstiegsgruppen. Die Aufgestiegenen Meister der Inneren Ebenen haben Dr. Stone dazu angeleitet, seine leicht zu lesende Enzyklopädie des spirituellen Pfades als Grundlage für dieses Buch zu nehmen. Das Leiten oder Organisieren von Aufstiegsgruppen, um das Erreichen des Aufstiegs zu erleichtern ist einer der wichtigsten Dienste, den man seinen Freunden, Schülern und auch der Familie erweisen kann. Mit diesem Buch ist dies einfach. Es enthält alle Einzelheiten über die Eröffnung und den Abschluß der Gruppentreffen, sowie 131 Gestaltungsmöglichkeiten für die einzelnen Gruppentreffen. Ebenso enthält es Vorschläge darüber, wie man die wichtigsten heiligen Feiertage begeht, deren Zelebration uns die Aufgestiegenen Meister der Inneren Ebenen auf Erden nahelegen. Seine Erfahrung als Lehrer nutzend hat Dr. Stone alle logistischen und dreidimensionalen Fragen bezüglich der Kursgestaltung behandelt.

7. Band: Spirituelle Achtsamkeit

im Angesicht des Terrorismus

- Enthüllte Wahrheit und Weisheit Gottes!

176 S., broschur, EUR 16,90/ CHF 29,80 ISBN 3-933470-67-6

Eines der ausführlichsten Bücher, die bisher zum Thema "Terrorismus aus Spiritueller Sicht " geschrieben wurden. Mit diesem Buch erhält der Leser ein Verständnis, das alle Spektren dieses umfangreichen Themas umfaßt. Es zeigt die Perspektive der Geistigen Welt sowie der Aufgestiegenen Meister über Terrorismus im allgemeinen und insbesondere über die Bombardierung der Twin Tower am 11. September. Dies ist eine der umfangreichsten Darstellungen zu diesem Thema und bringt ein absolut brillantes und klares Verständnis der ganzen Kette von Ereignissen aus spiritueller, psychologischer und politischer/irdischer Sicht. Dieses Buch ist wirklich ein Muß für jeden Menschen auf der Welt in Anbetracht des Ausmaßes der Ereignisse, die wir alle in unserer Welt nun erfahren!

8. Band: Verborgene Mysterien

448 S., gebunden, EUR 31,90/ CHF 56,80   ISBN 3-933470-68-4

9. Band: Wie man sich vom negativen Ego befreit

320 S., gebunden, EUR 25,90/ CHF 49,80 ISBN 3-933470-69-2

10. Band: Der Integrierte Lichtkörper

288S., broschur, EUR 23,90/ CHF 39,80 ISBN 3-933470-70-6

11. Band: Goldene Schlüssel für Aufstieg und Heilung

248S., broschur, EUR 23,90/ CHF 39,90 ISBN 3-933470-71-4

12. Band: Quan Yins Meisterprinzipien für Gesundheit, Kraft und Fülle

224 S., broschur, EUR 17,90/CHF29,80 ISBN 3-933470-72-2

Geführte Meditationen von Dr. Joshua David Stone in Deutsch *gesprochen von Rudolf Lippert*

1. CD
- In der Goldenen Kammer von Melchizedek 30:00
- Aktivierung der Göttlichen Mutter und der Meisterinnen 37:00

2. CD
- Aufstiegsaktivierungen 17:00
- Aufstiegsplatz Gottes 21:00
- Verankerung der Kosmischen Strahlen 23:00
- Anrufung der Heilengel 10:00

3. CD
- Die Große Aufstiegsmeditation 48:00
- Die 50 Punkte umfassende kosmische Reinigungsmeditation 21:00

Preis je CD EUR 21,90/CHF 35,90
3 CDs im Set: EUR 59,90/CHF 99,90
Erhältlich direkt beim Verlag, siehe Seite 4.

Bitte fordern Sie unser kostenloses Verlagsprogramm an!

Das Geheimnis der Bejahungen
Renate Lippert

Ein täglicher Begleiter für das spirituelle Wachstum
ISBN 3-933470-12-9 96 S., br. EUR 12,90/CHF 21,90

Dieses Buch erklärt die Wirkungsweise der gesprochenen Bejahungen und zeigt, wie Bejahungen bei regelmäßiger Anwendung zu Gesundheit, Glück, Erfolg und Wohlergehen führen. Diese Methode ist in allen Lebenslagen ohne äußere Hilfe anwendbar und führt direkt zur höchsten Ebene der Problemlösung – zu Gott selbst. Wir suchen damit nicht im Äußeren nach einer Lösung, sondern gehen direkt, mittels den gesprochenen Bejahungen, zur Quelle unseres göttlichen Ursprungs und erfahren auf diese Weise die direkte göttliche Führung im Leben und die individuelle Lösung von Problemen. Eine umfassende Auflistung sehr wirkungsvoller Bejahungen für die verschiedenen Bereiche des Lebens wie Gesundheit, Erfolg, Wohlstand, Glück, spirituelles Wachstum etc., lässt dieses Buch zu einem unverzichtbaren täglichen Begleiter für das spirituelle Wachstum werden.

Das Portal zur Ewigkeit *Kiara Windrider*
Broschur 400S., 13 farbig, ISBN 3-933470-20-X EUR 24,90/CHF 49,90

"...Das Portal zur Ewigkeit ist genau das, was der Titel verspricht und bringt den Leser punktgenau in das Herz, die Gedanken und den Geist dessen, was IN EWIGKEIT EXISTIERT. Eine der intensivsten Beschreibungen einer Reise durch die großen Mysterien des Lebens, gleichzeitig jedoch auch eine der liebevollsten und sanftesten. Ein Muß für alle, welche die wahre Natur der Realität, des Aufstiegs, des Wachstums und des Seins erforschen wollen." *Rev. Janna S. Parker, Channel für Quan Yin*

CD 1 zum Buch "Das Portal zur Ewigkeit"
Die Vipassana Meditation / Die Zeitlinien-Heilung.
In Deutsch gesprochen von Rudolf Lippert/ Musik Paul Armitage.
Preis: EUR 12,90/CHF 21,90 ISBN CD1: 3-933470-42-0

Geführte Licht-Meditationen CD 3 & 4
gesprochen von Renate Lippert

CD 3 ISBN 978-3-933470-48-5 / CD 4 ISBN 978-3-933470-49-2
Preis je EUR 19,90/CHF 32,90

Die Meditations-CD 3 enthält folgende Meditationen:

* Meditation mit Lady Nada
* Strom der göttlichen Gnade
* Die Reise zum Inneren Schloß
* Hingabe an das Herz Gottes

Die Meditations-CD 4 enthält folgende Meditationen:

* Heilungsmeditation mit Erzengel Raphael
* Meditation der Barmherzigkeit mit Jesus / Sananda
* Engel-Meditation
* Im Lichte der Einheit mit Gott

Diese ausgewählten Licht-Meditationen berühren das Innere im Herzen und öffnen den Geist, so dass eine tiefe Hingabe erfahren werden kann. Die meditative Reise zum wahren Selbst wird durch die Gegenwart lichtvoller Engel und Meister unterstützt.

Die Mahatma Meditation

ISBN 978-3-933470-47-8 Preis: EUR 19,90/CHF 32,90
Umfangreiche geführte Meditation. Gesprochen von Rudolf Lippert

Die Mahatma Energie ist die zur Zeit wichtigste und höchste Energie, die wir auf der Erde erfahren können. Sie führt uns die 352 Ebenen des göttlichen Bewusstseins hindurch direkt zur Urquelle. Ihre Farbe ist Gold-Weiß mit einer Spur Violett. Es ist eine sehr hohe und subtile Schwingung, die unsere eigene Frequenz stark erhöht und unseren spirituellen Fortschritt sehr beschleunigt. Das Besondere ist: wir können die Mahatma-Energie bitten, uns bei speziellen persönlichen Problemen zu helfen. Wir können zudem darum bitten, dass sie unseren Körper und unser Wesen heilt. Den Kontakt zu der Mahatma-Energie stellen wir her, indem wir laut oder innerlich leise MAHATMA anrufen, wie auch bei jeder Meditation oder Anrufung.

Saint Germain *Crea und Sananta*

broschur 128 S., EUR 15,90/ CHF 29,80 ISBN 3-933470-08-0
Durchgaben, Anrufungen und Meditationsübungen von SAINT
GERMAIN. Eine Beschreibung des Wirkens dieses großen Meisters.
Reinigung und Umwandlung mit der Violetten Flamme.

Sananda *Crea*

broschur 152 S., EUR 16,90/ CHF 29,80 ISBN 3-933470-02-1
Eine Zusammenfassung wertvoller Durchgaben und Meditationsübungen von SANANDA, die das Wirken dieses großen Meisters
beschreibt.

LICHT - MEDITATIONEN Bd. 1+2 *Sananta*

mit Engeln und Aufgestiegenen Meistern, broschur 128 S., EUR 15,90/
CHF 29,80, ISBN Band 1: 3-933470-09-9 / ISBN Band 2: 3-933470-11-0
Meditationen auch geführt auf CD erhältlich.

Die regelmäßige Anwendung dieser Meditationen bewirkt eine
Erhöhung der persönlichen Schwingung und unterstützt die eigene
geistige Entwicklung. Diese Meditationen umfassen unter anderem
Themen wie: Geistigen Schutz, Heilung, Reinigung, Erdung, Licht,
Vergebung, Loslassen, Freude, Liebe, Frieden...

El Morya *Crea*

broschur 96 S., EUR 8,90/ CHF 16,80 ISBN 3-933470-01-3

Eine Zusammenfassung wertvoller Durchgaben und Meditationsübungen von EL MORYA, die das Wirken dieses großen Meisters
beschreibt.

Maria - Die Ankunft des Lichtkindes *Sananta*

broschur 72 S., EUR 8,90/ CHF 16,80 ISBN 3-933470-00-5

Empfängnis, Schwangerschaft, Geburt
und Kindheit aus geistiger Sicht.